U0124256

聖塔達瑪系列叢書 I

靈魂的第7項修煉

The Seventh Practice for Soul

推開靈魂覺性的覓竟之門

聖塔達瑪 著

目錄

【聖塔達瑪大事紀：從修煉家到創業家】

年／西元

1972 於台灣台南出生。

1977 五歲時，父母離異，開始與弟妹截然不同的成長方式與環境。

1982 因出生於修煉世家，自小因緣際會接觸各種法門與玄學，國小五、六年級，便陪同母親參與各類靈修鍛鍊活動。

1988 正式踏上修行之路，修習包含禪宗、密法、道易、瑜伽系統。

1990 十八歲，進入喜馬拉雅法脈傳承的修煉。

1992 入伍服役，度過如同閉關一般的役期生活。

1998 內心受到強大的感召，並祈願能有簡單易學的方法能協助人們提升自身能量，轉變個人意識，恢復自體自癒力，「光流九式瑜伽」於焉問世。

2000 因應現代人心靈需求，發展破解人類意識的完整路徑，以東方智慧為底蘊，融會貫通古今中外智慧精華，發展一系列協助人心提升、意識再造的高效能心法，並於同年九月，第一次帶領學生閉關學習，正式走上傳愛之路，也成為大家心中的人生修煉家。

2001 四月份開始正式訓練第一批學生。

2002 至中國、日本等地進行閉關訓練，後帶領首批學生至西藏與尼泊爾等地進行朝聖內觀之旅，時計五十二天，開創日後「性靈旅遊」之先機。同年，光流國際能量研究教育中心成立，為聖達瑪學院之前身。

2003 自一月起，大幅度進行光流九式瑜伽的全國推廣教學活動。同年，開始對內部傳授喜馬拉雅法脈，並親至全球各地推廣光流九式瑜伽以及相關心法。傳愛發展協會籌備會啓動，為光流傳愛發展協會之前身。

2004 光流傳愛發展協會正式成立。台中會館成立。加拿大溫哥華傳愛據點成立。

2005 進行台中豐樂公園百人九式瑜伽活動。受各界單位邀請，至台北、台中、高雄、澎湖，進行「聖塔達瑪—光與愛的奇蹟」全國巡迴演講。四月，成立位於南投縣國姓鄉一千五百坪之竟心村成立，由志工群一磚一瓦協助打造未來陪伴無數學員的良善學習環境。正式創辦聖達瑪學院，系統化培訓師資與教授課程予學員。十二月，舉辦1218光流傳愛募款晚會，為竟心村募集建構資金。

2006 至台北、台中、台南，進行第二次全國巡迴演講。同年搬入竟心村定居，開始住在貨櫃屋的日子，復育土地。楊紹民身心能量醫學診所成立，為光流聯合診所前身。光流澎湖會館成立。由光流傳愛發展協會推動的心伴心快樂家族成立。

2007 四月，至喜馬拉雅山獨自閉關。七月，第一次對外辦理性靈旅遊，與三十八位學生同行至印度克什米爾與拉達克。八月，傳授此次閉關所得神聖之法。十一月，再次前往印度喜馬拉雅山區閉關，自此每年固定帶領學生至世界各地古文明遺址與聖地進行深度性靈之旅。同年，光流台南會館成立。

2008 足跡拓展至國際，分別至西藏、印度、比利時、法國、荷蘭、北美，進行演講、教學等傳愛之旅。帶領七十位學生至印剛果垂進行第二次對外性靈旅遊，足跡曾攀登至4,460米以上的高峰，並溯源至位於Tapovan的恆河源頭朝聖，並于印度數千年來的閉關聖地，剛果垂進行七天淨心營，是台灣首次在剛果垂僻靜的團隊。岡達創意無限國際股份有限公司正式成立。心伴心國際同濟會成立。同年，光流公益創投成立。擴展服務團隊，吸引各行各業專家，包含中西醫學、生物科技、能量醫療、超個人心理學、品牌市場行銷、社會回饋與建設等齊聚，欲以性靈元素打造專屬于性靈健康的創新全人健康服務與專業團隊。

2009 光流台北會館成立。光流聯合診所開幕。第一本著作《靈魂的第七項修煉》問世出版。再次親赴西藏閉關，後帶領學生三十八人，前往西藏聖山，崗仁波齊峰與聖湖朝聖，遠征三千多公里，登上5,600米之雪峰，並傳授閉關時所獲得之「長壽持明密續心髓」。

2010 光遠心國際股份有限公司成立，正式以性靈元素開辦企業，並受百大企業邀約，提供內部人員舒壓為主軸的內訓合作。同年，舉辦515「解開世紀之謎」講座；717「竟心僻靜營」四天活動；926「重返香格里拉：邁向黃金時代」大型演講活動。

2011 首次舉辦「竟心營」課程，提供淺顯易懂的入門課程，廣開翻轉人生大門的心法。首次舉辦國際能量研討會。

2012 聖達瑪學院SATDHARMA、光流聯合診所YANA、岡達創意無限GANDHA三大品牌形象建構完成。心覺醒文教基金會開始籌備。六月，聖達瑪台北會館成立；台北萬里竟心村成立。十二月，聖達瑪台南旗艦會館成立。第二本著作《新覺醒時代：明師們的秘密力量》出版。

2013 六月，光遠心國際股份有限公司總部搬遷，於同年九月二十一日進行搬遷誌慶，並設置岡達造物門市於總部一樓處，提供更舒適的體驗環境於各方來客。十二月，心覺醒文教基金會正式成立。第一代培訓師資開辦導師系列課程，內容廣博，包含：竟心香道、光之舞道與光境密碼—光藏覺醒卡等。

2014 首次開辦「靈魂之鑰」課程。開辦「覺醒高峰會」大型對外課程活動。全年進行「覺醒的力量：溫柔革命」全國巡迴演講。

2015 開辦「情緒逆轉勝」課程與「聖達瑪靜坐營」。同年，舉行TBP「企業轉型創富論壇」，對談對象包含KPMG安侯永續發展顧問黃正忠總經理、宏品私塾工作坊創辦人黃力泓博士、光流聯合診所楊紹民院長等各界專業。第三本著作《覺醒的力量》出版。同年，啓動「覺醒的力量讀書會種子師資培訓」，相關讀書會於全國各地展開。

2016 七月，光遠心國際股份有限公司正式通過國際B型企業認證，成為主打性靈健康的B型企業。十月，正式以電商平台模式，打造6C-Life.com，推動6C Life淨生活具象化、實體化，以更平實的方式接近普羅大眾，提供享受高能量與環境低危害的生活產品與服務。研發「自性勢能系統」，打造全新「大師之旅」課程，已於2017年開辦。

2017 於台灣時間一月二十日晨間離世，享年45歲。聖塔達瑪老師自小便抱持著「以人為本，以愛行動」的想法，一生投注于提升人心、改革意識不遺餘力，矢志推動6C-Life潔淨生活概念，並創辦聖達瑪學院、岡達造物、光流聯合診所與心覺醒文教基金會，建立完整的全人健康服務平台，十多年來具體落實理念與願景。聖塔達瑪老師深信，生命的提升需要性靈的力量作為根基，外在物質乃為輔。其所創辦之光遠心事業群業務遍及台灣、香港、中國內地、日本、東南亞及英國、北美等主要城市，多年來累積服務人數超過萬人肯定，成功翻轉生命的家庭超過萬家，每年參與人數以2~3倍成長，更應証性靈力量為萬物創化根基的道理。聖塔達瑪老師雖已離世，但其慈悲與智慧，志業與使命仍舊不斷啓發、引領著所有的學生、員工與各事業體同仁，持續在人間散播愛的力量，具體的以愛改變這個世界！

推薦序一

【喚醒靈魂的實證書】

林宗伯

我喜歡閱讀、寫作，熱愛教育工作，我鑽研趨勢未來，培養未來人才，我演講幽默風趣擅長分析推理…，這是過去的我一直引以為傲的身份…。

唉！好無知…。

我是個樂觀積極的正人君子，我是個學識淵博的智慧長者，我是個榮耀耶穌的光明戰士…，這是過去的我一直洋洋得意的角色…。

唉！好愚蠢…。

我不可以生氣，我不應該哭泣，我必須謙恭有禮…，這是過去的我一直認同的想法…。

唉！好狹隘…。

無知、愚蠢與狹隘，並不是真正的問題，問題在那裡？哈！在「我」！

我被「我」困住了。我戴著身份的面具，渾然不知自己的虛情假意。我被扮演的角色制約，誤以為自己必須這樣、只能那樣。我陷入狹隘的自我防衛系統，害怕被別人控制，更害怕控制不了別人。

而喚醒我，讓我找到真正自己的人，就是本書《靈魂的第七項修煉》的作者——聖塔達瑪。

他讓我認清，有知識廣度而沒有實質深度是多麼地浮誇！唯有確實經歷洞悉真理，才是真正的智者。

他讓我瞭解，扮演光明戰士對抗黑暗戰士是多麼地偽善！唯有光明與黑暗合而為一，才是真心的仁者。

他讓我領悟，重視個人享受忽視地球感受是多麼地自私！唯有願意負起更大責任，才是真誠的勇者。

他讓我確確實實地體驗了內在的深層喜樂，讓我經歷到超越感動的感動。

他讓我清清楚楚地洞悉了自己的自欺模式，讓我領悟到超越明白的明白。

他讓我開開心心地喚醒了沈睡的神性意識，讓我感受到超越寧靜的寧靜。

因此，當受邀為本書寫推薦序時，我當然是欣然接受。

《靈魂的第七項修煉》不是宗教書也不是勵志書，而是一本喚醒靈魂的實證書。如何喚醒靈魂？人真的有靈魂嗎？科學對於靈魂的爭議可是沒完沒了！針對看不見摸不著的神秘領域，神經語言學(NLP)有句名言說得好：「真假不重要，有用最重要！」以我為例，我就是拋開分辨善惡的思維，融入意識次元提昇的操練而大有斬獲。也幫助許多「卡」在頭腦分析的學者專家，讓他們瞭解放下過去所學（空杯學習）才能有所突破。如同本書所強調的：當你懂得跳脱關係意識，從個人意識提昇到存在意識，靈魂就醒過來啦。那種感覺真的很棒！不但能看清楚自己的自欺模式，也能放心地讓情緒自然流動。與人相處或對談時，能輕鬆地敞開胸懷用心聆聽。與人吵架或爭執時，可以自在地真情流露真心相對。如果再進一步地從宇宙意識提昇到宇宙外意識，甚至宇宙外外意識⋯，那真是筆墨難以形容的⋯爽！

過去老愛炫耀看過三千本書的我，如今樂得反覆細讀本書無數遍，而且是越看越有心得、越看越有收穫。

最大的收穫在於：看懂了感知（感覺）與覺知（覺醒）的差異，清楚了身體、情緒體、思維體、靈魂體（精神體）等不同層體的操練。哈！再寫下去就是文字語言，害讀者陷入思想波啦⋯⋯。建議讀者把這本書當作靈魂層級的《聖經》來看，慢慢的⋯⋯，閱讀⋯⋯。

細細的⋯⋯，品味⋯⋯。

好好的⋯⋯，覺醒⋯⋯。

〈筆者為暢銷書作家，樂活玩家，現致力於培養未來人才。〉

推薦序二

【傻瓜】

楊紹民

聖塔達瑪是傻瓜！

你海角七號了嗎？（你看過海角七號了嗎？）

如果我跟你說，地球是宇宙的核心，你一定會說我是傻瓜，因為「全世界都知道」，地球只是太陽系九大行星中的第三惑星，然後太陽系也只是我們所在的銀河系的獵户臂上的一個棒旋星系。銀河系也只是從地球人的「可觀測宇宙」中一千億（10^{11}）個以上的星系的其中一個！

可是，哥白尼、布魯諾與伽利略，當年只是為了告訴大家「太陽不是繞著地球轉，是地球繞著太陽轉」，就受到排擠、火刑或軟禁。

當代禪風鼎熾，世界各地都有禪修中心。達摩祖師，以「毫無功德」與「廓然無聖」度化梁武帝不成，只好在嵩山少林寺面壁九年。耶穌基督在西方帶著他的十二個使徒四處傳愛，佛陀當年在印度傳遞他多年修行後領悟的真理，也是遭受許多人的誤解與排斥。附和從眾、錦上添花（在別人已經接受的觀念中，再發表一些觀念）非常容易；獨排眾議，直陳真理，卻最容易受到非議與攻擊。

跟別人聊「海角七號」無傷大雅，甚至可以拉近彼此的距離。跟大眾講真理，**聖塔達瑪是傻瓜！**

可是，這個世界就是需要傻瓜的存在，他願意不顧世俗毀譽，他願意不阿世媚俗，只是傳遞他多年研究生命之後，所領悟的真理。他只是希望世人能夠重返榮耀——重拾自己本自俱足的心靈力量，能夠面對未來世界的變化萬千，獲得喜悅與滿足。

你，是看到他的文字就大為排斥的人嗎？還是你是可以用心體會字裡行間的苦心，汲取箇中精華，用來改造自己生命的人呢？甚至，你會覺得彷彿聽到真理的鐘聲，內在的力量當下甦醒！

這個，由你決定！

〈筆者為光流聯合醫學診所院長〉

「光流聯合醫學診所」，為目前國內能量醫學領域中，實際運用能量儀器作為臨床用途的先驅。

編者序

【榮耀】

德昀

隨著整體地球意識的轉變，許多原本固定制式化的現象也開始崩解。我們原本習慣已久的生活方式，在許多不同的層面與領域，都開始出現與以往極大差異的變革。舉例來說，我們從小看到大的百科全書，集結了古今中外自古至今，已發生或已證明的資料，這些資料又以歸類的方式或資料彙整的嚴謹度，來決定這套百科全書的權威性。維基百科（Wikipedia）的出現，完全打破了原本權威導向的侷限。大打「人人可編輯的自由百科全書」口號，擁有全球五十種語言的維基百科，一開始便倚著海納百川，有容乃大的精神，將百科叢書原本已經格式化的編輯與資料彙整方式，做了一次大革命。這類大破格式的社會現象，顯示出當今世界的意識進化運動，已經朝向集體意識交流，共同參與以及共榮共樂的狀態。

在平行宇宙（Multiverse Parallel universes，或稱多重宇宙論）理論中，宇宙其實不是只有我們所身處的這一個宇宙而已，而是有無窮多個宇宙。這無窮多個宇宙，分別在屬於自己的時間軸上，互相平行地進行著。而每個宇宙的物質和所遵守的物理定律都一樣，但是事件的發生卻不是相同的。可以拿樹狀圖做比喻，當時空進行到一個原因事件支點時，就會有幾個分岔支線，通往不同的事件結果，而平行宇宙理論裡，事件支點和分岔支線是無窮多個的，所以造就了無窮條的時間軸，也就有無窮多個不同的宇宙在進行中。

而「蟲洞」（Wormhole），就是這些宇宙的連通管道，依理論所說，透過蟲洞，就能夠往來不同的宇宙與時空之間。簡單來說，當某人改變了過去，就會讓原本單一的時間線，從轉捩點開始分叉，創造出另一個與原有世界沒有交集的新宇宙，也就是說，一個事件不同的過程，或一個不同的決定的後續發展，是存在於不同的平行宇宙中的。

如果從這個角度來觀察心靈世界，我們很容易就可以發現，在意識進化的過程中，當我們匯集一場巨大的能量於一個集中點上時，與這個集中點相關的一切因緣，都會在這個當下時刻轉變，也就是我們所說的，「當下即是威力之點」—過去、現在、未來都在這個匯集點上，同時轉化！

邀請您，讓自己生命的宇宙蟲洞，不斷的打開並保持開放的狀態，讓不同的可能性持續發生，讓自己與當今世界上的每一個人，一同參與並影響集體意識的活動！

就在現在，「改變世界」正是人人都勢在必行的光榮之舉！

前言

【無限】

【無限】

究竟，「無限」是什麼樣的情景？

既然是無限，就字面上來說，即有「無可限量」、「無法限制」之意。那麼，似乎人世間所有的字眼或是想像空間，都無法描述，也無法容納下這樣的情狀啊！

無限，無法以言語描述，無法給予一個範圍，然後說：「看，就是這裡，在這裡之外的就是無限。」甚至掏空了腦袋裡所能提供出來的資訊，所能到達的最遠邊界，都無法將無限劃歸出來，除了唯一的方法，就是「直接體驗」！

體驗之前，我們可能需要一些路徑依循，從我們所習慣的範圍的最極端開始，然後漸漸的透出這個「範圍」，最後，連所謂的範圍的想法也都消散去了，那時，我們才能初嚐無限的真正滋味。無限，無法以有限的觀念來經驗，所有的方法與建議，到了最後的關鍵，都將失靈。

當一位師父，對你說：「發揮生命的無限可能吧！」，那究竟會是怎麼樣的情景？

一位師父，能清楚的將無限的方向指出，然後在一切都還未知不明的時候，他就一腳把因緣已經具足，卻還在懵懂中的弟子踢入那個無盡深淵裡！落入無盡黑暗中的我們，被腦袋裡對於自由落體的想像喝制住，加上慣有的一切在瞬間消逝無用，一開始先是死命的揮動四肢，窮抓猛咬，只求能找到一個帶來安全感的立足點。

當一再重複同樣的舉動，卻一無斬獲的時候，我們終於開始放下無止盡的企圖，鬆開了緊握的慣性，然後好像只是一種漂浮，漂浮在那個什麼都沒有的「空」裡，那個自古以來，所有人都嚮往的「真」自由。

綜觀古今中外，所有的先哲、聖人、師父、導師，都會隨順因緣，將一種「法」帶到這個世界上來，它可能是一種觀念、一種方法、或是一種教導。而追隨他們的子弟，就依照著他們的方式，轉換成一種類似組織團體，一脈相傳，代代依循的規範，一種代表團體中心思想的禮教，所有到來的學習者，追隨者，都必須依循「它」來學習，試著從中找到內在最珍貴的寶藏，以及無上的喜樂與自由。（試圖在有限的條件裡，找尋無限的珍寶！）

原本釋放心靈的寶典，反而成為束縛心靈的枷鎖，這是多麼矛盾的一件事啊！

在投筆之初，最大的掙扎在於，這一切都難以文字描述撰寫。只要是轉述了，就已有略差之慮，再付諸文字，那真的是令人尷尬了。

記錄過程中，與古魯的相處，是緩慢如涓涓流水般的行進，表面風平浪靜，內在卻有無比激盪的浪潮，陣陣拍打靈魂暗礁，讓那些潛藏許久的穢物，瞬間融化在無盡的愛力浪潮中。

這該如何描述？該如何詮釋？唯一能做的，便是回歸到最初的簡單，盡所能的將古魯所說的，如實記下，期待原汁原味，透過「現場實況轉播」的方式，回歸到當下時分，讓時空重現！

古魯㊟・聖塔達瑪所帶來的，無法以這個世界的方式來界分，更無法只是以言語或任何的名詞來定義。那是一種超越所有人類意識的振動，一種超越所有學習法的傳達，一種超越無盡可能的展現，一種超越所有想像與理解的未知！他的在，讓所有接觸到的靈魂，在瞬間融化至本源大愛，之於寰宇、之於整體存在，其本身在地球上的顯化，就已經是教導的一切了！

當您開始閱讀時，請您務必慢慢的品味它，體受一陣陣如清風拂過時，髮根微微顫動的振盪，讓愛的滋養，滲入您靈魂的深處，融化層層封鎖，待內在慈悲愛力之風，吐納出孕育萬物的創化，生命將得以重新展露枝椏，無限展演！

主編　德昀

㊟古魯，字音源自於梵文，英文拼音為Guru。Gu的意思原為黑暗，Ru的意思是光明；那位帶領我們穿透黑暗，進入光明的人，就稱為Guru。他具有對生命真理全然的體悟並恆持其中的能力，是整體存在中，有限與無限的橋樑；他能啟發人類內在力量的完美經驗，帶領人們超越有限的感官世界，達到生命本質的無限。

第一章

【穿透未知的教練——師父】

第一章

【穿透未知的教練—師父】

師父再次的來到世上，為的不是成為上師，而是因為祂與弟子們的「約定」。

約定將束縛的枷鎖打破，將迷惑的夢幻敲碎，直到靈魂流下的淚，點化了一切障蔽，揭開內在實相的大門，看見了自己的偉大。

什麼是師父？

說到這個的時候，眼前便會出現一些有趣的畫面：

第一個畫面是，面前有個很深很深的山壑，這頭的山與那頭的山離得很遠很遠，跳是不可能跳過的，而面前的山壑便在兩山之間，深不見底，黑壓壓的，完全無法知道那個底限在哪裡，跳下去會如何…？然而這時候，一個人就這麼的往這萬丈深淵跳下，跳進那不知範圍的黑暗裡…。

第二個畫面是，在海邊的懸壁邊，海浪很大很大，狂風暴雨，驚險萬分，無法想像若是被那浪濤捲襲而走的話，會是什麼情景!?然而卻有個人，就這樣跳入了那海浪裡⋯。

最後的一個畫面是，在那宇宙的最深處，有一個黑洞，可以吞噬所有星球的生命，所有進入它的物質，都不知道會到哪裡去，會怎麼樣，但是卻有一個人，就這樣的進入到那個黑洞裡面去⋯。

師父，那終極的

那種感覺就好像是說，外在所見一切，除了黑暗還是黑暗，什麼都無法得知，也什麼都無法臆測，可是當你一投進去黑暗之後，就發現了全然的生命，全然的自己!在一開始，你不知道讓自己進入那其中會怎麼樣，可是在那個時刻裡，你還是得跳進去。

你必須要跳進去，只有你跳進去了，才會發現生命究竟是什麼。

師父，
就是那個深不見底的深溝，
那個驚濤駭浪的海洋，
那個無止無盡的黑洞！

表面上看起來那個深淵、那個巨浪、或是黑洞，一樣都是黑暗的、恐怖的、無法預測的，可是，在那黑暗的底下，其實有一股無限的力量，以及無盡的光明在那兒，就在那兒！

在光明之前，會有很大的黑暗。

面對黑暗時，因為每個人創造出來的幻相不同，便有不同的理解與看法及不一樣的詮釋，甚而把那個黑暗投射成各種不同的東西。

有人看那黑暗是怪物，
有人看它是恐懼，
有人把它看成是暴風巨浪，
有人把它看成是黑洞，

有的人是把它看成是魔。

依循每個人潛意識裡不同的種子，於是看待那個黑暗的角度便會不同。唯有當你真正跳入那個黑暗之中，在那個當下，你就跟自己的生命開始合一了！

所以，「師父」究竟是什麼？

師父的在

真正的師父，有力量轉化光明與黑暗，他會讓你看見自己真正的源頭，讓你跟真正的源頭：相遇。

當我們跳進黑暗的時候，我們會有很多自己潛意識種子裡的妖魔鬼怪，那些就是業力㊟。業力其實是自己造成的，然後又被自己創造出來的幻相捆綁、吞噬。當我們正在被黑暗吞噬的時候會很驚恐，沒辦法繼續在這

㊟業力是思想的慣性。

它深藏於潛意識中，潛意識又可稱之為「阿賴耶識」，是一種無意識的狀態。它就像是一個倉庫，儲存、記錄累生累世以來，所有的慾、所有的想望，它也蘊藏著極大的動能，當我們開始執取，慾望的強度來到一個極限的時候，就會推動著所有的條件聚合起來，開始演化，開始運轉，於是便開始不斷的反覆經驗這個慾念所引動的一切，這樣反覆的慣性狀態，便是業力。

條生命之流裡前進，而師父就會在這個時刻提醒你，這一切都是幻相。
因為我們必須穿透這些幻相，來到深處，才會直接承接到那個光源，在那之前所經歷的，都是自己產生出來的幻相，可是在當時我們會忘記這個真理，我們沒有辦法視它為幻相。

於是，
真正的師父便會運用你的幻相去訓練你、琢磨你，
讓你在這一路上，
越來越勇敢，
越來越強壯，
越來越有愛，
越來越有智慧，
而這些特質，這些寶藏，
其實早就在我們靈魂深處，
等待著被開發、綻放、呈現出來。

當我們看到黑暗深淵，或是暴風雨巨浪⋯等等所產生出來的種種幻相，以及從幻相中衍生的更多想像與場景，使得我們以為，身在黑暗中，必不得光亮。

直到有一天，在不斷的淬鍊與嘗試當中，我們來到那個核心，就在那個當下，忽然之間，完完全全的明白並且看見，那就是我們一直追尋，一直傳述的光明源頭。就在那個時候，我們完完全全的與師父合一了。

在那片刻裡，我們開始自內在深切的知道，

師父是⋯

一種無限的、強大的可能性，

也是一種巨大的、極度強烈的未知，

那個未知會撕碎你，

撕碎所有障蔽你清明雙眼的障礙，

撕碎所有阻礙你靈魂的自我幻相。

他既是這個未知，

他也存在於發自你潛意識種子所產生出來的幻相裡，

他也是你，

是無助的你，也是充滿力量的你。

他是你正在經驗的路徑，也是途徑中擾亂你的阻礙。

他是那個陪伴在你旁邊的人，

對你說：

「這一切都是幻相，加油！前進！」

當你走到了存在的源頭，終於與光明合一，

他，也就是那個光明。

究竟，師父是什麼？

很難具體的比喻，真正的師父是什麼。

在我們所處的這個世界，很難真正的發現一個可以帶領我們連結到那一切背後的光明的師父，直到最後，我們了解到所有的一切就是師父，包括你自己！

這個路程，實在好難！

因為我們都先看到光明前面的黑暗，因為害怕黑暗，就透過頭腦調出很多的色彩與花樣，以為這樣就不會恐懼黑暗。但是，當我們調出無數的顏色時，也把我們自己困在這花花綠綠的夢境裡面了。

因為這個情形，所以，

好難看到，真正的師父；

好難看到，這個世界真正的光明；

好難看到，光明背後的光明；

好難看到，黑暗背後的光明！

真正的師父有一種力量，他能把黑暗轉成光明，他同時擁有摧毀黑暗的力量，也同時擁有摧毀光明的力量。有的人會執著光明，因為執著了光明，於是便與黑暗對立，忘記了在光明與黑暗的背後，那真實的「狀態」。

當我們走在這條回歸本源之路時，路途上的黑暗太多，恐懼太大，因為我們過多的恐懼所投射出的場景，所以讓我們看不清內在與本源力量銜接的清淨與純粹，因此造就出無數的罪狀，等待被救贖。宗教，便是源自於我們想要被救贖的意念，而創造出來的替代品。

正因為看起來太黑暗了，若要跳進那個深淵、那個暴風雨、那個巨浪漩渦，或者那個黑洞裡面，我們必須要創造出一個讓自己覺得可以繼續往下走的東西。於是我們創造了自己的浮木，我們創造它，讓自己在黑暗中可以得到慰藉，可是我們忘記我們的目的是要穿過黑暗走到至深處，因為在那裡，我們才能與真正的光明相遇。我們創造出那些陪伴我們過渡的撫慰時，我們忘記原本在黑暗中需要繼續前進的路，而不是一直停留在那裡，停留在那暫時的安慰裡。

所以到後來，宗教反而錯成了讓我們停留在黑暗中的自我枷鎖。就好像在黑暗中，找到了一個其實是海市蜃樓的綠洲，然後覺得那裡是快樂的幸福終點，是上帝的迦南地、庇護所⋯。其實不然，你還是必須從那裡繼續前進，在黑暗中，所有創造出來的一切，都只會讓你繼續留在黑暗裡面。你以為自己有力量了，在那些繽紛絢爛、五彩瑰麗的顏色裡面，你的確暫時得到慰藉，但如果因此就信以為真，那麼這些都只會讓你停留在黑暗裡，無法前進。自己以為正在進步，卻因為你畫出的夢幻越多，就越被自己的夢幻框限住。有的人在這個黑暗裡面畫出一個王國，以為自己是國王，擁有著所有，掌控著全部。有的人畫出宗教或是修行，有的人畫出很多的錢與財富，每個人所畫出的，都是個人潛意識裡想要的東西，那些東西都讓人目眩神迷，讓人沒有辦法在黑暗中繼續前進，沒有辦法從黑暗中逐踏而出。唯有決定放下那些色彩，決定繼續前進的靈魂，才終究會走到黑暗的盡頭，才能夠真正的突破。

現今有太多讓人目眩神迷的東西，例如神通、財、色、名、權、慾，人們容易迷失在裡面。甚至連看起來美侖美奐的東西，其實也只是另一個夢塔。在黑暗中會創造出光明的場景，當迷失在自己創造的光明裡，開始執著那個光明，那麼，真正的師父，就會摧毀那個光明，正如當你在那個黑暗中，到處都是恐懼，迷失在恐懼裡時，師父就會摧毀那個恐懼，讓你在其中學會更有力量、更有信心、並再度前進。

所有的對立都是我們自己創造出來的，

「師父」就是讓我們在自己建構的狀態中，自己的夢幻裡，清醒過來的「力量」。

法，萬法，無上法，無法。

真正的師父是愛、慈悲、智慧、創造、療癒。

不管是什麼名詞，他是所有名詞的源頭，而那個源頭就是我們每一個人，最深處的本覺㊟。

說到「法」，什麼是法？

對現今世界來說，法的意思就是我們所聽聞的，每個宗派、團體、組織，他們所依循、遵守的一種方式。比方說，不同的瑜伽系統有它們自

㊟本覺，最無上的智慧本體。本覺超越了所有的已知、知識、經驗，超越了當前人類智識所能知的範圍！僅能以完全脫離過往一切經驗的狀態，歸回零點，直接迄入，安住之！無論外在一切如何的作用與變動，本覺絲毫未曾動過。人類意識的進化與回歸，便是一趟重返本覺之旅。

己的法，每個宗派的師父也都有他們的法。而真正師父的「法」，卻是無形的，是沒有法的法，是可以摧毀黑暗也摧毀光明的法，是摧毀一切法的「法」。

因為唯有摧毀一切之後，我們才能有一種接近於本覺的狀態被自己經驗到，我們才會有一種來自於本覺的甦醒。

所以，真正的師父身上所流著的血，是承載著所有明師的法，因為他是所有法的源頭，他不論是流出光流瑜伽（Yāna Yoga），或是流出亢達里尼（Kundalini），他所流出的任何法，都會是最美好的，都是源自於最純淨的，所謂最純淨的，就是指他同時擁有摧毀光明與黑暗的力量，破除超越一切認知所知的力量。

法，為的只是因為人們覺得自己很痛苦，覺得自己在黑暗中，人們需要一個救生圈，需要一個可以摸得到，可以依靠的東西。於是，真正的師父便會藉由某個或是某一種東西，來讓人們有力量繼續前進，不管那個依靠的東西是什麼。

所以師父身上流著的是萬法源頭的血，如果可以遇到一個這樣的師父，那你已經跟萬法的源頭相遇了。

如此，你還需要什麼法？你可瞭解！

如果只是把注意力放在這些外在表徵的事物上，我們會繼續留在黑暗中，卻以為自己已經得到救贖。可是那個所謂的救贖，卻如同非洲的饑民，從貧瘠乾枯的大地上撿到一顆米粒，然後那個饑民就緊緊的抓住那顆米粒，以為已經得到全部了，其實不然。上帝是存在的，那個力量是存在的，上帝不是黑暗的對立，不是任何單方向的界定，上帝是足以同時超越光明與黑暗力量的純淨狀態。

而當我們碰觸到引發我們看見那個力量的介質時，我們卻反而因為這個介質，就停在那裡，以為自己承載了什麼，以為自己已經擁有了什麼，沒想到那些都是侷限，那些東西，反而讓我們沒有辦法繼續在生命中前進。

在黑暗中，你只需要回到「赤裸裸」的狀態。

什麼叫赤裸？就是回到如孩子般的單純，在這樣的純淨中，你就可以快速的通過漫漫長夜，通過這看似無止盡的黑暗。倘若沒有辦法回到孩子般的天真與單純，你就會被自己所創造出來的眾多幻相卡死，被牽絆限制住，甚至杯弓蛇影，看到一絲不純淨、一點黑污，一點風吹草動，就嚇得半死！發現自己有任何一點頭腦造作，或是慾望跑出來，就開始將它渲染成恐怖無比的怪獸，讓自己的生命之船，翻覆在自己創造出來的驚濤駭浪中。看不見生命之流，仍舊循序的流著，透著無限的寧靜與沈著，而那些翻騰不已的，其實是自己的幻相。只有天真的像個小孩一樣，單純的讓那些幻相呈現在你眼前，只需從幻相的中心點衝過去！

就在衝過去的同時，幻相就自己消失了。

所以，讓不同的人，用不同的方式，穿透他內心深處的黑暗，這就是真正的師父。

倘若只是強調某一種法才好，哪一種教導才對，那就太狹隘了。

從源頭的角度來觀察，若你只是從這些教導的方「法」上面來試圖瞭解一切，那你就會發現這些都是假的、是虛幻的，所以只是學習這些方法，永遠都沒有辦法理解一個真正的師父。

師父們，如釋迦摩尼、默罕默德、耶穌、Babaji、克里希那、希瓦、羅摩、OSHO…等，他們都曾經出現在這個地球上，可是人們無法理解他們的浩瀚，無法理解他們語言的背後那真正的涵義，無法看見黑暗的深處，黑暗的底層裡，真正要顯現的純淨狀態。我們會執著在他們的外相上，他們的眼睛、他們的語言、他們的聲音，會執著在他們所講的那些清晰的話語，那些讓你清晰起來的「法」。可是我們卻忘記那個清晰的法，是為了無情地剝去你在黑暗中的幻相，讓你繼續前進。直到有一天，你突然間了解，原來黑暗，跟黑暗深處的光明，都同樣源自於本覺！

因為這樣的智慧，深層的理解，你開始自在，開始玩耍，開始遊戲人間，開始開展自己靈魂深處的寶藏，超越自己思想的侷限，超越地球問題的狹隘，超越所有的一切，而來到一種——

你全然無法以頭腦理解的真空、自在狀態。

所以，師父是這所有的一切。

如果，有人問，「你說的跟音流瑜伽、跟藏傳佛教、基督教……等，目前世間所有的法或是教導有什麼不同？」

其實這種問題是很愚蠢的。

因為我們都會在這個「法」上面追逐、比較，本身那樣的追尋，就是一種幻相，它沒有讓你剝去黑暗，反而讓你在黑暗中迷失方向！

真正的法，會讓你回到你的中心，讓你繼續在生命中前進，不管有沒有看到，有沒有聽到，你都必須在生命中繼續前進，真正的法是講不出來的，它需要真實的體驗。人們都會執著那些創造出來的幻相，問一些很愚蠢的問題。然後再多此一舉的舉許多的例子來說明，然而那些其實都是唬弄人的！

真正的法，不是我們可以用這個頭腦來理解的！

因為，

我們一跳進那個深淵裡面，沒有絲毫空間與時間差，同時在我們的潛意識裡，會立刻創造出非常多的東西，而在那些東西裡面，你沒有辦法看見真正的狀態，你沒有辦法看見事物真正的本質，你沒有辦法看見「法」！當我們身處這樣的狀態時，師父還需要創造什麼嗎？因為所有的法，已經被你潛意識種子所生出的枝葉遮蔽了，看不到「存在」真正的樣子。

看不到真正的「問題」，當然也就看不見真正的「答案」。

這時候，真正的師父就會開始撼動你，喚醒你，把你每一個創造出來的執著及概念一一粉碎！

粉碎之後，你會突然間「回」到一種狀態，在那個狀態裡學習，學習如何看見那個黑暗與真正的問題。由於我們總是不想看到真正的問題，所以才創造出好多夢幻，突然間看透它們的時候，那樣「看透事物本質的狀態」，就叫「法」。

法不是在你的幻相裡面多加一筆，那一筆不是法，絕對不是。

倘若一個稱之為師父、老師的人，只是在你的幻相中多加一筆的話，不但沒有任何意義，還多此一舉，甚至讓人著迷在那種情況中更深。

所以回歸到真正的「法」的狀態時，還需如何比較嗎？真正的狀態，祂已經是一切事物的源頭了。

所以人類很膚淺，但是不能夠怪人類膚淺，原因是因為我們已經被困在這個黑暗中侷限住太久了，因而創造出許多我們想要逃避它的東西，並且還被它迷住了。而當一個真正的師父來的時候，他的明晰會讓你看見你的狀態、你的夢。當每個人都迷失在自己的夢中時，他必須追進你的夢裡面，他的參與，讓你看清楚自己究竟造了什麼夢，然後才能開始跟師父合作，跟師父一起把那個夢打破，進而全然的突破自己意識的侷限。

當一個師父來到地球上，要幫人們打破許多夢的時候，人們會想殺了他！因為那是人們認為自己擁有的全部，認為那些是他們的命！

當合作關係準備要開始的時候，通常在開始之前都需要花很長的時間，彼此培養感情及信任感。而信任顯現的時候，明師便會開始摧毀你的夢，這也才真正開始做他應該要做的工作。而他的法，也才真正的從那時候開始。

在合作的過程裡，把那些夢一個接著一個的打碎，每粉碎一個夢，就好像閹割般的痛楚！可是每一個夢幻被閹割之後，我們就會更接近那個純粹，就會更回到學習怎麼跟黑暗共榮、共存的狀態，就會突然間從黑暗㊟裡面，照見萬物的本質，也就在那當下，你終於開始懂得生命。你會感受到一種前所未有的自在，一份自靈魂深處湧出的喜悅，無上的、很美的喜悅！但地球上的人，都活在他們的虛幻夢境裡面，所以一個真正的

㊟「黑暗」，有時影射為一種負面、完全混亂的狀態。這裡的黑暗，可視為「無明」。即指對於萬物與生命本源實相，有著一種朦朧不明，渾沌未知，無法理解與不清晰、不明白的狀態。

㊟一直以來，人類意識的進化，皆直趨本源回歸之路。我們內在就是佛性與神性的種子，除了佛之外，我們無法成為別的東西。「佛」，「佛陀」，指證悟宇宙真理，解脫一切煩惱的人。非

師父，他不僅要看到人們活在夢裡面的現象，他還要能看到那些夢的本質，以及看見人們造夢背後的意圖。一位真正的師父他可以看見一切萬物的本質，因此得以真正的摧毀人的黑暗，摧毀人的光明，也摧毀人的夢，最後摧毀人對於「身為人」的執著，在所有的意識與概念被摧毀崩解之後，人就會回到那個完全赤裸的狀態。

那種赤裸裸，就跟本覺非常接近了。㊟

什麼是「心的教授」㊟？

心的教授，如同一個救生圈。

是為了幫助我們看清楚我們是怎麼造夢。當身處在黑暗的時候，我們要能看清楚自己現在是活在什麼樣的夢幻裡面，可是通常都沒有辦法看清楚，因為我們已經活在夢裡面太久了。

「心的教授」是給地球人用的一個法，在我的眼中，它是一個玩具，也是一個夢。用這個夢來讓你看見你其它的夢，協助我們看見真實。最後

關佛教。本書借用此語，用來指喻一種身心靈極度純真純粹的狀態。例如，佛化、神人就是指極度純淨化的意思。人類未褪回赤裸之前的意識，使得我們不斷的追求知識上的認知與了解，然而這些「知道」，卻無法幫助我們進入內在無限境界。唯有回歸天真，返回意識赤裸，心性赤裸的狀態，回歸、安住於渾沌無知，那最初的狀態裡，接納與直接體現，則內在的種子便得以發芽成長，生命本然的樣貌，也才得以開花綻放！

㊟以一般佛教提及之「心」，乃為「一切唯心造」，「萬法唯心論」中所說的「心」。這裡所提及的「心的教授」，心，即指心髓，以心交流共振，心髓中含藏著無盡的祕密，這祕密無法以言語訴說，它正是傳授者，他存在的「場」，他的「在」。因此只能透過直接的共振，以心傳心，以心相授，只能直接體驗與品味。

連這個夢也要被摧毀，這種關連跟之前提到的，宗教所提供的「救贖」是一樣的。

因為師父是萬法的泉源，所以他能為你流出各式各樣的法，為的只是要幫你打破粉碎你的夢，然後讓你在生命中繼續前進。你是如何造夢的？如何面對黑暗的？是如何在黑暗中造作出一切多餘的東西？當你赤裸裸的時候，你為什麼害怕？當你看清楚自己這樣的狀態時，有助於穿透那些夢，有助於粉碎自己，有助於讓自己有力量去看清楚黑暗只是一隻怪獸，而這隻怪獸其實是自己創造出來的㊟。這樣做的目的只是為了幫助你前進，這，就是師父的工作。

所以在這個合作過程當中，師徒之間最需要的就是信任嗎？

是愛。

這就是為什麼當你遇到真正的師父時，你會愛上師父，愛上那無私的愛。

㊟所以我們比黑暗、業力、種種幻相的力量還來得強大，因為我們是這一切的創造源頭，那還有什麼好害怕與驚恐？

因為愛，才有信任，真正的信任是從愛來的，這就是一般人沒有辦法理解，為什麼有些人遇到真正的師父時會心迷意亂。這點師父也看得很清楚，但是師父會藉由愛，來摧毀你的黑暗，摧毀你的執著！所有的基礎點在於愛，沒有愛便無法摧毀這些夢幻，而信任是愛的副產品。

所以古往今來，真正的師父旁邊都會圍繞著很多的人，因為愛，因為他傳遞的振動和光輝跟別人不一樣。靈魂們都嗅得到，會聞得到他的芬芳，會品嚐到他的無私，會愛上他的純淨，因為那種純淨在這個世間找不到！

接下來，就算那樣子的愛，師父還是會把它摧毀㊟。剛開始，他要借用它，來摧毀你的黑暗，然後最後連那個愛也要摧毀！

當你走到生命中某一段黑暗的深處時，因為有這個愛，所以可以繼續前行，前行是為了需要摧毀掉那些夢，可是真正到了黑暗深處時，連那個

㊟在本章中所提及的「摧毀」，感覺中十分強烈，但它其實是一種比喻，所指的是「放下」、「超越」與「擴展」原來的意識與思想。

支持你前行的愛也要被摧毀，因為在那時，它變成是多餘的了，摧毀那個愛，你才有辦法來到生命真正的深處。

所以師父的工作很無聊（大笑），都在等，等待時機成熟可以摧毀的那一刻，師父都在做「破壞性」的工作，很無聊（笑）。然而在這個工作裡面，是同時完成好多件事，如果一個人在這個世界上，他要蛻變，就必須遇到一個真正的師父，然後跳進那個深淵，因為只有這樣，才能夠見到生命的本質。而基於一個師父的愛，為了要跟眾人溝通，所以要研究人類都在想什麼，要什麼，才需要看許多的書籍及資料（古魯指著書架上琳琅滿目的書目），才能給每個人合適的救生圈，然後從救生圈裡面，開始建立與師父之間的信任、愛。直到有一天，可以一起合作摧毀那個黑暗，那個夢。可以放下所有的執著、痛苦，可以共同創造全新的生命與世界。

這，就是師父。

愛力加油站

廿一世紀最大的趨勢，就是未知。整個世界，每一秒，都比上一世紀用更快的速度在改變。沒有人知道，下一秒真正會發生什麼事情，更沒有人知道，這些事件會把我們帶到什麼樣的方向。

未知，對凡人來說，是可怖的，未知，對超人來說，是可喜可賀的。跳入未知，超越未知，我們就成為生命的主人。

在詭譎多變的時代，我們無法等待被救援與救贖，我們唯一的選擇，就是，跳入未知，找回自己。

而「師父」，就是那一扇門！

◆推薦書目：

《明師》／音流
《金色童年》／方智
《瑜伽之龍》／中國瑜伽出版社
Autobiography of a Yogi / Crystal Clarity Publishers
《克里希那穆提傳》／方智

第二章

【超越侷限的踏板——關係】

第二章

【超越侷限的踏板—關係】

師徒之間的事，
只有師父與徒弟本身知道，
這是師徒之間，最直接也最祕密的教導。

——取錄於《菜鳥沙彌變高僧》

「關係」就跟法一樣，剛開始的時候，在黑暗㊟中沒有力量前進，所以需要「關係」來支持。跟愛一樣，那個愛是為了陪伴，讓我們在生命中可以繼續前進，可以在看見那些幻相的時候，依然繼續前進，這就是為什麼，我們可以有自己的伴侶，因為在那樣的黑暗過程當中，雖然是拿另外一個幻相（伴侶關係）做慰藉，但它可以讓我們更有力量，繼續的穿透黑暗。

可是，人往往會陷在關係中，忘記了這是幻相，會在自己的夢幻中迷

㊟「黑暗」，意指輪迴、架構、業力、幻相、意識，與無盡光明合一之前的必經過程，或稱面對此未知現象所升起的種種幻相。但是，連「在這個黑暗中」，也是一個幻相，我們並沒有離開過光與愛。黑暗，也代表恐懼、無力感、自我放棄，一個無法讓你跳脫的思想或情緒深淵。

失，忘記要繼續前進，如果這樣，它就會變成一個阻礙，就必須被敲碎。

那麼，關係的本質是什麼？

走到深處，真正的明師來，不都是為了要讓我們看到萬事萬物的本質嗎？

所以關係的本質是什麼？

如何擁有它，又可以在黑暗中繼續探尋、前進？

看見關係的本身，然後超越，再次的成為完整的「一個人」！㊟

為了要回到最初的本源，因此必須要體現最原始的赤裸狀態；現在，唯有回到赤裸㊟，成為「單獨一人」㊟，我們才有辦法在黑暗中前進，否則兩個人或是一家人，注意力是看著彼此，而不是看見黑暗本身。

那麼，「穿透」黑暗就很難發生。

㊟「一個人」，無須依附於他人或他力之完整個體。

㊟「赤裸」，指每一個個體，最初原本全然無染著，全無罣礙，未有意識攀附的狀態。

㊟「單獨一人」，單獨，是因為完整，是個人生命的圓滿體現。因為生命能量的飽足與豐富，因此在這樣的個體中，有著充足的愛力與慈悲，能夠充分的讓個體間，全然的互動而無須相互爭奪或拉扯。因為完整，所以不論是獨自一人，或是相互扶持，彼此之間的能量與愛，都更能自然與順暢的流動，個體與個體之間，更為相融且無分別。

進入到黑暗的深處，會引動所有潛在意識的雜質升起，透過雜質的浮現，意識精純化的過程也將展開，正如煉鐵成鋼，鋼鍛煉成精鋼一般。

當我們步入黑暗，展開鍛煉的時候，一開始會進入一個階段，在這個階段裡，所有最深處的雜質都會升起，會浮現出來，這是一個過程。透過這些雜質的浮現，開始淬鍊它，然後當這些雜質的印象轉化之後，我們會來到另一個點，進入到意識比較精純的狀態，能量會更集中，注意力、專注力會更集中！

因為專注，所以力量更大，因為專注，所以生命的可能性更大！

也因為大部份的印象被轉化了，過往的印記比較少，所以神性力量就會更容易展現了。

到最後一個階段，意識完全精純化之後，那時的感覺，會很「輕」㊟，從裡到外整個輕起來，就好像鐵煉成了鋼，鋼變成了精鋼一樣，那種意境很像是這樣。

㊟「輕」：不受任何外在事物牽掛，完全純淨無雜質的狀態。

但是這種淬鍊是指意識上的，是意識在淬鍊，是意識在進化。從眼、耳、鼻、舌、身、意中，「意」這個第六識，一直進化、不斷的淬鍊著，最後就會進化到佛性與神性的意識。

我們藉由不同的法，以及己身的能量來淬鍊自己，最後意識進化到第八脈輪㊟的時候，可以感覺到振動出來的「光」，就因為越微細的脈輪，能量可以共振得越遠，到那時候，就可以洞徹三千了！如同禪宗公案裡說的，「千年暗室，一燈即破」，也就是說，一間房間已經黑暗了數千年了，但只要有一盞燈出現，這黑暗馬上就被驅逐了！

其實，這其中的意思都是一樣的，當我們的意識純化到佛性、神性的意識時，生命中所有的黑暗都將通通不見！

所以不論是生起什麼念頭，其實都是好事一件，都可用來淬鍊！我們只需要單純的看著它，平時的修煉也如實的進行，繼續這樣修，繼續這樣做，單純的看著這個意識，管它是慾望也好、無明也罷，還是各式各樣的念頭都好，到最後它都會開始自．行．轉．化。

㊟請見第69頁之圖說。

陰與陽，兩者相互交替，生生不息，促使整體宇宙創化萬物，運行不止。

當我在印度剛果垂（Gangotri）山上閉關的時候，觀察第二脈輪的意識狀態時，就覺得對於「關係」這個意識，應該是要提升的時候了，也就是說整個地球的關係意識，已經到了需要進化的時間了。

我們來看一張圖：陰、陽、慾望。㊂ch2-01

陽和陰的力量，每個人的內在都有陽的能量和陰的能量。

事實上，「慾望」是一種讓人類生命延續的力量，慾望跟「無明」其實是很接近、很像的。宇宙因為有「無明」的存在，它才能一直的創化下去。（在下一章中，我們將會探討到「無明」。）

所以我們應從此刻開始，用一種新的認識和觀點來看待「慾望」與「無明」。我們以前會認為，「慾望」及「無明」是不好的，可是事實上，

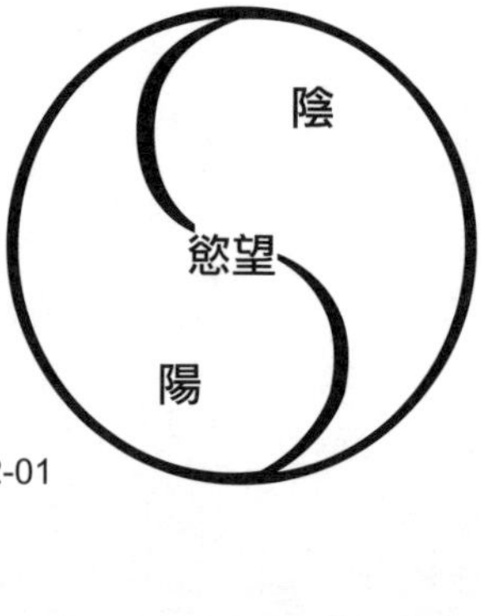

圖 ch2-01

它本身並不具有「好」或「不好」的意義，因為這些都是我們自己的分別意識所創造出來的觀點。

慾望就是因為有著陽性的力量與陰性的力量共同、相互作用著，於是它才會生生不息。

那麼，有哪些是陽性能量？哪些是陰性能量呢？

陽性的能量有：

「渴望」，我們內在的渴望；

「行動」，行動的力量；

「衝動」，你的內在有一股衝動，你很想做什麼，好比說：你突然間好想喝咖啡，突然間，看到俊男美女，產生了好想追他的念頭！

也就是說，內在會有一股慾望的衝動、行動，想拿、想要得到的各種作用力；

「控制」，你想控制你可以控制的，想掌握你想掌握的。

這些都屬於「陽性的力量」。

陰性的能量有：

排斥力、相斥力，不動的、靜止的……等等。

陰性力量屬於比較負面展現的有：

失去、沒有了，失望、反作用力、被控制的、鎖住的。

這些都屬於「陰性的力量」。

陽性的力量是「放射」出來的，陰性的力量是「收納一切」的意味。

所以「慾望」以及「陰」與「陽」的力量，其實是我們生命中「一切的動能」。

不論是陽性力量過旺，或是陰性力量過旺，都會讓我們失去平衡。兩者彼此循環、互相影響，彼此互動的。就像渴求就一定帶著排斥，只要有陽就一定有陰，只要有陰就一定有陽。一股陽性的能量升起就一定會帶著一股陰性的能量互動，聽起來是一句簡單的話，但是其中的機制，卻很需要我們去體會。

想想，當你想控制一件事情的時候，你也同時被那件事情反控制住了。你想控制一個人，同時，你自己也失去自由了。你想擁有什麼事物的時候，你也被那個事物控制住了，懂那個意思嗎？

所以說，「陰和陽」這兩極，是同時存在的。

我們在寧靜中仔細的觀察，觀察自己在陽性力量與陰性力量的這兩個面向，從自己的生命裡面去深觀的時候，就可以知道是否失去平衡，是哪裡失去平衡，然後再運用智慧去轉化它㊟。

就整體宇宙而言，這兩股力量也是始終生生不息的，當然，不論是個人或是整個地球，整個生命，亦是一樣的道理。當一個人內在的陰陽力量不平衡，無法調合為一體時，就會產生「關係上的對立」。

因為不平衡，而產生二分法的概念與想法，進而開始產生種種「對立」，於是「關係」就變成不是一體而是對立的分裂狀態。

㊟能量失衡，指陽性或陰性能量過旺或不足的情況。有些情況可自行觀察，若要更深入，則可用能量儀器來幫助診斷，如：氣場儀、光子儀等。【光流聯合醫學診所】，為目前國內能量醫學領域中，實際運用此類儀器作為臨床用途的先驅。

當人類有了意識之後，就開始創造出「關係」，事實上，關係也是一種束縛！

關係，是慾望的產物，是人類設計的能量圈套！

人類創造出各種關係，使得自己的各種慾望得以延伸，想得到擁有控制彼此，結果反而讓愛蕩然無存！

當你深深的去體驗關係的時候，就會發現，其實是控制與反控制的能量爭奪遊戲㊟，不論是任何的關係都是！從最近的夫妻之間、親子，然後到我們的父母、家族、親戚，再擴大到朋友、工作夥伴、上司、主客，甚至是師徒之間，還有很多人組成的國家，它也是一種關係，最後牽扯到國家跟國家之間的慾望與利益「爭奪」。

其實很有趣的現象是，無論是陽性還是陰性的力量，它都會在運作中連帶的產生出「情緒」。

㊟「能量爭奪遊戲」，源自《聖境預言書》（*The Celestine Prophecy*）一書。指個人因為不平衡，或內在的陰影、坑洞，而需要奪取更多能量，刻意或無意設計出的一套控制他人、掌握局勢的方法。

陽性力量有時候可能讓你產生出正向的情緒，但是如果大到一個程度，反而會變成負向的，就像我們說水可載舟亦可覆舟，同樣陰性的力量也會創造出情緒以及類似的情形。

通常當情緒被產生出來後，接下來就開始產生出連串的連鎖反應。這是比較精簡的說法，我們可以試著對照一下自己的生命，深度的去體會它。

比方說，陽性力量提供正向主動的建議，但是可能也帶著背後隱藏的企圖與控制慾，表面上說「我都是為你好」，外表的理由是這樣，可是事實上，私底下其實是「很想掌控」，或是「害怕失控」的。在檯面下的潛意識裡，其實有某種「隱晦的企圖」是連你自己都沒有看見的。

至於，陰性的力量比較負面的呈現就是「犧牲」。好比說，「為了這個家庭犧牲」、「為了這個國家犧牲」，或是「為了這個團體犧牲」，可是到最後卻變成不甘心！變成「怎麼每次都是我在犧牲？」那個時候，無明就開始了，很多情緒被壓抑，然後開始有各種情況出來，像是奴役性、依賴性等，這些都是屬於陰性的力量。還有「不願意看見」，「不想看見」、「不想承認它」，這些都是屬於陰性的力量。甚至將這個現象合理化了，以至於產生出某種幻想，最後陷在自己的幻想裡面無法自拔。那都是陰性力量過濃，就變成被自己的幻相迷惘住，無法跳脫！

再探討到慾望之間的利益關係，其實可以延展出很多有趣的現象，看遍古今中外的歷史，人類都不外乎陷在這幾樣事情上，雖然佛家也已經講，財、色、名、食、睡㊟了，人類還是被纏在這些事情上面！又好比說，名、利、權、色、慾，這裡說的「色」，指的是比較直接的性慾之類，如果是「情慾」的話，就會更延展、延伸出來。譬如：「親情」就是。

所以人類的慾望，不外乎就是在這幾件事情上面打轉而已。

如此觀察起來，「慾望」是不是就變得很有趣了呢？

㊟號稱為「地獄五條根」，又名「五欲煩惱」。

當這些力量發揮作用，就像宇宙創造的「慾望」，開始不斷的創造下去時，就會看到很多的星球死亡，也會有很多的星星再被創造出來。黑洞，讓星體死掉，白洞，創造出新的星星，生命也是一樣。

接下來，「慾望」，就開始對應到「業力」，整個如此的往下深觀，會很有意思的，這部份我們到下一個章節再探討。

講回到關係的話題。

「關係」讓人沒有思考和獨立的空間，它讓人深陷泥沼，愈陷愈深。

現今我們的關係都是：當我們擁有了，就想綁住對方，好像沒有辦法允許彼此可以獨立思考，或是可以有自己展現的空間。

事實上，那個空間就是「愛」。

我們彼此給彼此的空間，其實就是愛！

只有愛的力量，會讓關係的意識昇華、提升、改變，而不只是在我們前三層體㊢的慾望裡面。所以說，一旦有了關係之後，我們的心靈也就開始沒有空間了，彼此好像變成了各種慾望的堆積物，相互牽扯，慾望的力量，讓彼此在不知不覺當中爭奪能量，慾望本身的運作，就是會有這種效應。一旦當我們看清楚它之後，就會想要提升，就會想要跳脫出來。

㊢

一般人的注意力被深深綁在前三層體的視野裡，因而無法跳脫而了無創意。

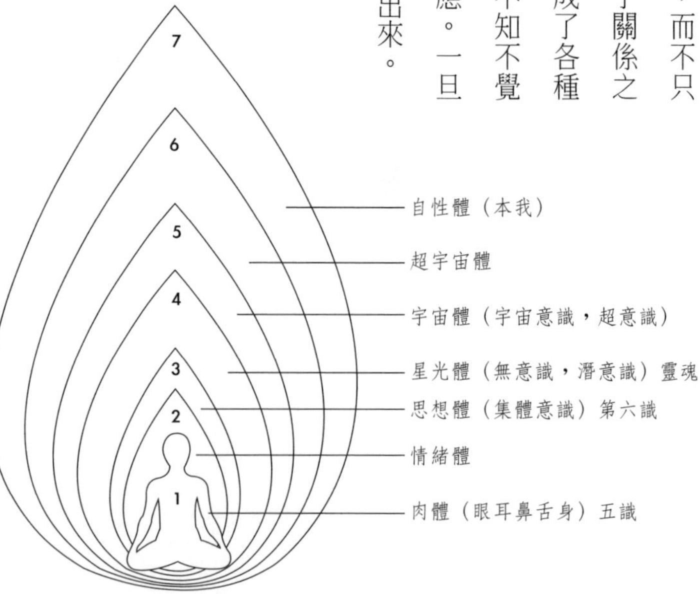

關係，是個人意識創造物中，最愚蠢的發明！（大笑）

如果想要提升關係意識，就一定要先提升個人意識。當個人的慾望提升到存在的意識，擴展之後進化到就只是「存在」，那就會越來越精純到「只是存在」之存在體。

只是存在，

存在於宇宙之間，

存在於萬物之間，

存在於有形，

存在於無形。

你開始擴展，從關係意識裡面擴展出來，將關係意識昇華成「共同存在意識」，那就等於是佛性的力量了！

如果將關係昇華到我們大家是共同的存在體時，那個「空間」就會出現。那時關係會因這樣的「空間」而增加許多的色彩，從原本無法呼吸的緊張狀態，來到一種全新的，可呼吸到充滿松香的空闊森林之視野。

有個比喻：在山裡面有一座森林，當我們到森林裡去的時候，突然間走累了，想休息一下，想靠在一棵樹旁或是躺在一顆大石頭上小睡一下，當我們醒來之後，我們不會把樹帶回家吧？我們不會把石頭帶走吧？不會。

這種狀態就是，我們共同存在著，但是我們沒有緊抓著彼此，只是存在著，讓生命繼續前進，彼此提供自己的力量，但是又沒有提供的概念。你看整座森林跟人之間的互動，就是這樣的感覺，你渴了，就拿溪水來喝，沒有人會跟你收費或是什麼的，就是那種感受！

彼此只是共同存在著，為整個地球的共同體，整個宇宙的共同體，提供自己生命，讓這整個的共同體，生生不息，可是並沒有互相侵犯或是爭奪的慾望，而我們只是存．在．著，只是共同遊戲著！

我們可以在這個當下，想像一下那種感覺。當我們與我們的愛人或是伴侶之間，昇華到這樣的狀態時，那種感覺真的很好！那個愛會更大，我們以家庭為單位來形容，家庭就變成是一個共同體，我們彼此支持著彼此，然後各自都有各自的空間發展，當你累了，你想要靠一下，我讓你靠一下，當我累了，我想要擁抱一下，我就擁抱一下，彼此支持，可是我們不掌控，不再有能量爭奪的行為，否則會使得整個關係意識變得很濃密、很濃稠，連溝通的可能性也完全地蕩然無存！

圖 ch2-03

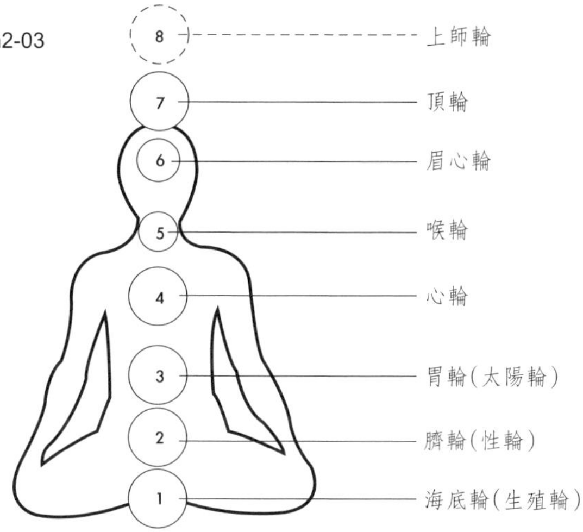

所以開悟的意思就是，我們把下面脈輪的意識整個提升起來。當一、二、三脈輪㊟ 圖 ch2-03 提升到心輪，提升到像現在所講的這種狀態時，就開始進入到喉輪的層次了，也就是提升到宇宙的意識。如果我們沒有互相侵犯，互相爭奪，而我們只是存在著，互相提供我們的愛力，我們的智慧支持著彼此，這時就會感覺有一種美，有一種很深的優雅！

㊟人體從脊椎的底端到頭頂之間，分佈著八個主要的能量中心，七個在內，一個在外，稱為脈輪或是氣輪，梵語為Chakra。每個脈輪各聯繫了人體主要的七大內分泌腺，以及七大生理區域，調節生命力與能量的流動。每個脈輪都有著特定相對應的顏色、聲音、頻率與振動。脈輪的平衡度以及脈輪之間的能量相互流動度，緊密關係著個體整體身心的健康與平衡，以及性靈的提升與擴展。七脈輪也與七層體相互交流，影響能量，交互運作。

當生命昇華到各自有各自的空間，各有自己的舞台，而我們又共同為一個大的共同體而存在著。就好像從一個家庭擴大到一個國家，再擴大到共同在這個地球上，在這個宇宙裡面，共同存在著然後繼續的演化下去，如果地球的意識進化到這個階段，那這裡就是天堂了！國家與國家之間，不再因利益互相爭奪，種族與種族之間，也不再像之前這樣互相爭奪，那是很棒的啊！大家都為這整個的共同體著想、存在著，提供自己的生命、力量、愛，然後共同支持著彼此，共生共榮，啊！多美！（大笑）

所以當意識，特別是關係意識可以進化到這個階段的時候，這種美，這種優雅，真的會很令人感動！這裡說的，涵蓋各種關係，也包括「師徒」關係，一切到最後會進化到「三輪體空」㊟，沒有「師父」，沒有「門徒」，也沒有「法」！（大笑）

這不是很美嗎？這種狀態真的是太美了！很感動！很感動！

㊟三輪體空：施者、受者、施物，三者都是「暫時性存在」，因時空交會下的短暫「現象」，三者本身都不是持續的存有。它代表一種內心沒有行動者，沒有接受者，甚至也沒有行動這三種印象（預設立場、成見）的狀態。沒有作意，沒有期許，只是純粹地存在（活在當下、行在當下）的心境與意境。在此稱者，施者就是師父，受者便是徒弟，施物即指法。

所以當我們開始提供我們的所長，我們的能量，使我們的慾望「歸得其所」，（引動自己轉化意識的慾望），也就是說，我們的慾望不再是往「外」求，不論是想要獲得更多的錢，想要解脫，或是想要獲得什麼，我們慾望的能量幾乎都是往外流動。但是如果開始淬鍊，讓這個慾望的能量成為我們內在意識轉化的動能，這個時候，我們同樣可以擁有外在的錢、健康、家人的互動…等等的一切，但是主要的慾望流已經開始往內導了。

可是大部分世間的人無法把慾望流往內導，所以才會衍生出這麼多的煩惱。這與我們一直以來受到的教育有關。

好比說，你年紀到了，就要開始工作、結婚、生小孩、照顧孩子，然後接著如何如何…。我們已經被一套關係意識鎖在有限的空間裡了，像工廠大量生產的產品一樣，有一套公式，似乎人類活著只是為了這樣的公式在運作。我們已經忘記怎麼把這個慾望，引導到內在的開悟，引導到

內在意識的昇華。當這個慾望開始往內走的時候，你的生命就會開始進化，到那個時候，很美！我覺得真的很美！（大笑）

所以，個人意識的慾望屬於前三層體，比較像是我們的思想體（第三層體）所創造出來的。舉例來說，當這個人的家族意識出來的時候，我們就會產生比較心態，譬如說，看別人的家族怎麼那麼大，別人的家族怎麼都出好子孫，怎麼這麼有錢…等。如果我們只陷落在前三層體的意識或慾望裡面，我們所產生出來的想法，就都是這些而已。

祕密中的祕密：當「個人意識」提升到「存在意識」時，將轉化「無明」成為生命的肥料，成為創化有限到無限的力量！

當個人意識可以昇華到「存在意識」時，那麼，你對個人的需求，不論是生理或是心理需求，各種的需求，都會降到很低的程度，因為你只是存在著，並且又同時能夠自利利他。這樣的存在意識，仍然還是有一個

「意識」在作用，存在意識其實已經到喉輪的層次了。接下來會更純粹，再更往上提升，到了眉心輪的時候，你就只是存在，完全融入一種很內在的狀態中，到最後當然就是頂輪的層次，也就完全的體驗到佛性與神性了。

當然「個人意識」可以類比成「團體意識」，團體意識可以提升成「共同存在體的意識」整個家族的意識可以共同提升，或是一個團隊，一個公司…等，都是可以舉一反三的。團隊的意識提升的時候，它就會變成一個「共同存在體」，什麼叫共同存在體？那種感覺就像是，你去森林的時候，不會想把寶特瓶或是任何的垃圾留在那裡，很自然的，你會有一種愛護、保護這整個存在體的心。你會提供你的力量，來讓這個環境更好更美，可是你也不會在乎這樣做是不是會獲得頒獎或得到任何的回饋。這時候已經提升到不是用利益在做交換了。

有趣的是，當我們處於個人意識，也就是下三脈輪的意識時，我們就真的「只是很自私的想」，於是，就只限於利益的交換而已，但這樣很可惜！所以，倘若我們的意識可以開始進化的話，那真的是太美了！

所以，如果可以提升到「共同存在體」的意識，就像我們現在正在做的，那是一件很棒的事情。如同我們國姓竟心村，當我們在工作或是付出的時候，很自然的不會去想要獲得什麼，只是付出而已，那種感覺就像這樣。你可以想像嗎？

如果我們的家庭、公司或是團體組織都提升到這樣的時候，那種感覺真的是很棒！然後這個共同存在體再進化到整個地球的存在體，就是地球意識了，這樣又更擴展了！

就像我們現在雖然是在國姓做，但是將來是為了整個地球、為所有的眾生在努力，我們不會問我們去美國幫助那邊的人民，是不是應該要獲得什麼回報，因為提昇到那樣的狀況之下，愛會擴大，擴大到為整個地球的眾生服務，我們只知道地球是一個共同存在體，然後再更擴大，接著就擴大到了整個宇宙的存在體。

當我們擴展到宇宙存在體的意識時，我們所有的起心動念，都會是為了整個宇宙而努力、付出，那個愛的振動會擴大到整個宇宙，甚至宇宙外，這就是為什麼我們要這樣做的原因。就是要讓我們的心量一直不斷的擴展，一直不斷的擴大，不要只是停留在下面層次的意識。到最後，存在於佛化㊟、神人的存在體。到了佛化、神人的存在體時，那愛就遍滿整個大法界㊟了啊！

在這種情況下，我們一起開始創造地球的美，不再是以一國的看法，或是國家跟國家之間的利益來思考。我們都是地球存在體的一份子，我們都是宇宙存在體的公民，我們的心量開始變化，我們都是佛化體，都是瑜伽佛㊟，這個時候，真正的黃金時代來臨，生命因而有了無限的可能性，這才是二十一世紀的福音哪！

㊟指「完全純化」的狀態。

㊟大法界：大宇宙、超宇宙、光子態、超光子態，超越目前三度空間，回到最原初、最本源的創造、起始的狀態。

㊟「瑜伽佛」：一個身心靈皆合一，全然地純粹與純淨的個體。身心靈皆不染著。全然的開出靈魂璀燦的花朵，靈性與富足皆成就並散佈喜樂至人間。

大愛已存在的意識，存在於萬物之中，沒有控制，沒有沾黏，就像大自然的展現。樹木不會來控制人類，沒有感情上的沾黏，沒有慾望，沒有渴求或者是排斥，都是中性的存在而已。

當我們的關係意識進化到中性的存在時，那才真的看見萬物「見山又是山」的美！

其實人類在這個天地萬物之間，在這個宇宙之間，真的好渺小，可是我們卻因為無盡的慾望，一直想要累積好多東西，我們變成慾望的堆積物，我們想要擁有全部，人類總是想要控制一切，可是卻控制不了自己的心㊟。

事實上，我們是不是應該回過頭來，只是控制自己的心呢？當自己的意識進化了以後，我們將會擁有更多！

所以，一個團體，一旦被關係意識塞滿時，就會停留在個人意識的層次，就只重視個人利益及能量的爭奪，那麼這個團體就會失去生命力，

㊟控制自己的心，不是壓抑，而是保持一種純粹存在的狀態，純淨自然，無所作意，無所沾黏。進而喜樂的遊戲人間！

因而被整體淘汰了。一直以來，我們觀察整個大自然，當個體的能量，沒辦法跟著整個大自然或地球整體一起進化的時候，個體能量狀態太固著了，就會被整個大自然淘汰㊟。用現實生活的例子來說，就比如這個團體可能賺不到錢，因此被淘汰了，這種情況很像你拉著我，我影響你，不斷阻礙這個團體意識的提升，這是真的很可惜的。

再舉例來說，「關係」其實也像「癌細胞」一樣。

在我看來，癌細胞其實是非常健康的細胞，只是它健康過了頭！（大笑）

癌細胞需要很多的能量，它會從旁邊吸取其它的能量過來，因為它的DNA中的off鍵失去了作用，於是它大量的複製。其實，這種情況跟人類的慾望很類似，也就是說當人類慾望的off鍵失去作用的時候，你就會一直想擁有！不斷的索求，好像在打仗一樣，不停的擴大版圖，你現在有了這個，就想要更多、更大的慾望。所以「關係」其實跟癌細胞很像，它需要許多的能量來維持。當你的家庭、公司、組織、團體落入只是自

㊟目前的地球，正極力自三次元意識逐漸進入四次元意識層次，地球萬物的整體意識自然需要隨之轉化。在轉化的過程中，意識波需要不斷的精微化，相互共振，提升，如此的振動才得與宇宙整體意識共同進化。當意識呈現濃密較粗糙的振動時，便無法與整體進化意識共振，而遭受淘汰。

私利己的模式中時，就會因為能量枯竭而被整體淘汰掉。（因為大夥兒都只想到自己。）

然而就算如此，要知道「癌細胞」也是可以被轉化成生命的動能的啊！就像許多人因為得了癌症之後，整個生命反而改變了，危機就是轉機！應該透過這個機會，去蕪存菁，深觀真正的問題所在，勇敢穿透問題本身，使生命更加的壯闊、絢麗，那不是很棒嗎？

所以探討到關於這部份時，在內心其實有一份很深的感動！當我們對於關係的意識，開始擴展，開始轉化的時候，相信在我們的生命中，自然就會充滿更多的歡樂，生活裡也會顯現更多的智慧與愛！

愛力加油站

關係，是人類生命中最美好的，也是最折磨人的事物。關係，讓我們的生命充滿力量，也同時變得脆弱。關係讓我們享受溫暖，也時常引發我們的痛苦。所以有人說，它是「甜蜜的負擔」，可是，再怎麼甜蜜，終究還是一個負擔。特別是當世界動盪、人心迷離的年代。

人們因為擁有關係而感覺穩定與安全，但是也因為關係的存在而飽受制約與束縛。我們可以讓自己受關係綑綁，一輩子在小框框中牽制彼此；我們也可以提升自己的意識，讓關係成為生命進化的原動力。

透過陰陽相生的視野，透過宇宙七層意識與人體七脈輪的路徑，我們可以把個人的相互依存提升到宇宙大愛的共同存在，甚至進化到三輪體空這種超越施者受者與行動的無限圓融，透過關係的有限迎向生命的無限。

「關」，兩地之間的出入口，「係」，人際之間的聯結物。「關係」，生命昇華的埡口！

祝福大家都能圓滿

過……關……

◆**推薦書目：**

《關係花園》／心靈工坊

《愛・自由與單獨》／生命潛能

《身體的情緒地圖》／心靈工坊

《地球守護者》／宇宙花園

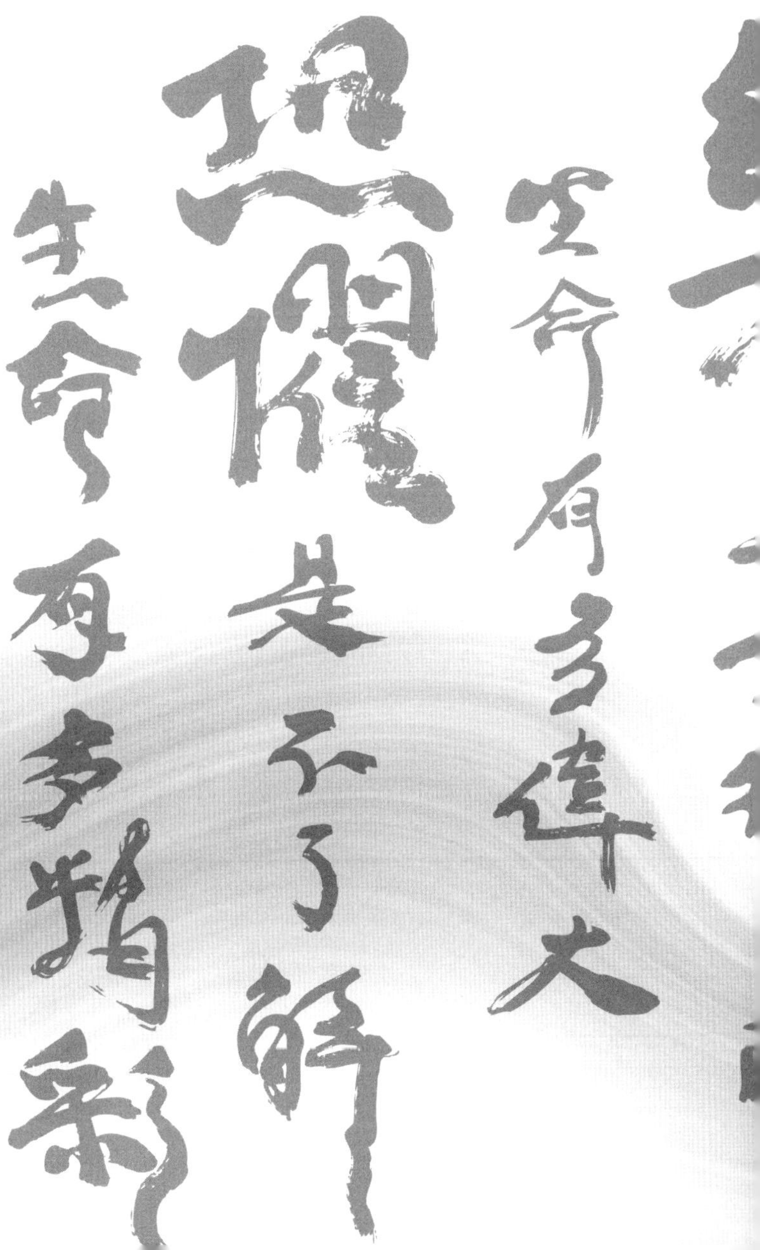
生命有多偉大
是不了解
生命有多精彩

第三章

【黑暗深處的禮物——無明】

第三章

【黑暗深處的禮物—無明】

從古到今，
所有的宗派，所有的法門，
用相同的概念，不同的說法，
都認為「無明」㊟是不好的東西，
無明應該要斷除，
無明是開悟的敵人。

㊟在不同的宗教或門派，對於「無明」也有著不同的說法或描述。例如在基督教中，就稱之為「原罪」。

長久以來，我們都用「限制性」的信念來活著。其實「無明」它不是不好的東西，它不是跟我們對立的東西，它反而是一種很美的狀態。

無明，就像天地創化前的「渾沌」一樣，如同道家說的，一切的起源是「無極」。無極生太極，太極生兩儀，（「兩儀」指的是「陰陽」）。兩儀生四象，四象生八卦。其實一切都是從「無明」衍生出來的。

在渾沌裡面，因為有「二元」，於是因為二元而產生了陰和陽，也由此創化了一切。但是為什麼說混沌是「無明」呢？因為，在混沌裡面，是「沒有辦法」去理解它的本質！它本身就是渾沌的狀態，無「明」的狀態。也因為渾沌，反而收藏了所有的可能性，卻也啟動了所有的創造㊟。

我們就從宇宙的演化說起。

一百三十七億年前，宇宙還沒有形成的時候，它其實是一個渾沌的狀態，我們可以稱那個狀態是無明。（無明只是一個名稱而已，可是許多人到現在都還執著在那個名相上。）在如此久遠之前，宇宙還沒有被創生的時候，在當時的渾沌裡，它充滿能量，充滿非常非常大的力量，充滿非常非常多的可能性。而在其中有一股動能，那股動能就是「必須要創化出東西來」的力量。就在剎那間，一個光子爆炸，隨之引動一股能量，開始從那裡面，衍生出目前這個宇宙的原型。從這個宇宙被創造出來之後，便開始不斷的創造下去。從這個宇宙創造出很多「生命」，每一個星球，都是生命，每一個星系，也都是一股能量。

㊟一百三十七億年前，宇宙其實還是一個混沌的狀態，主要為12%的原子，10%的中子，15%的光量子，以及63%的暗物質（Dark Matter）所構成的。今日的組成結構，則是5%的物質，23%的暗物質，以及72%的暗能量（Dark Energy）。從這裡觀察會發現，整個宇宙創化的過程，暗物質以及暗能量是推動的一大關鍵。暗物質與暗能量亦代表著未知、不知的渾沌狀態。

譬如說：從最初一個光子爆炸，開始衍生出非常多、無數個、千百億個爆炸（沒有辦法用數目算的爆炸）。每一個爆炸，就衍生出一個銀河系的原型。接著在這個銀河系的原型裡面，又產生非常多的爆炸，再凝聚成一個一個不同的星球。在每個星球裏面，都發生了如同地球四十六億年來的過程。非常多的生命，在極快的速度下，從海裡面開始衍生出單細胞生物……。如果發揮我們的想像力，想像有一個視窗，從裡面你可以看到整個地球的生命不斷在演化，直到後來出現了人類。

就是這股動能使得宇宙生生不息！

在許多爆炸之後，很多的東西被「凝聚」起來：原子、分子、電子，一直不斷的凝聚起來，就變成一個星球。

你知道「聚」是什麼意思嗎？

「聚」其實就是執著，這個「執著」應該特別標示起來！

也就是說，沒有這個執著，星球是凝聚不起來的，如果沒有那個「慾望」，那個「凝聚的慾望」，地、水、火、風、空根本就聚集不起來。

一切的創化必須要藉由一種生命的「慾望」，它必須要有「創造」的慾望。在一片渾沌的狀態裡面，創造出這個宇宙，其實裡面一定要有一股動能，才產生陰和陽的力量，因為陰和陽的力量交互運作之後爆炸發生。爆炸之後，在那個創造慾望驅使之下，就開始產生物質。於是從渾沌到物質，從無到有。愈來愈趨向物質的層次，創造的慾望就變得愈濃烈，因為只有在這樣的狀態，物質相互的吸引力對應彼此的能場，一切才有辦法開始聚合起來。也因為各種能量的聚合，就產生出生命的多種樣貌。

如果沒有一開始的「無明」，這一切根本就創造不出來！就是在這樣的渾沌狀態，我們才有辦法「創化」出一切。

不過，當這些物質都聚合起來的時候，這些聚合體，也開始產生自己的思想，思想帶來執著，執著又引發無明。個體的無明，其實就是源自於整體的無明，所以，當個體開始「渾沌」，它就也像宇宙一樣，創化出非常多的東西㊟。但在這同時，我們也開始被這些無明渾沌綑綁，因為

㊟當個人意識渾沌即指「忘記」我們還未生為人之前的純粹本體，因為這個美麗的「忘記」，於是我們開始將原始動能創造出意識，創造出思想，創造出許多事物，創造同時也創造天堂、地獄與輪迴！

我們都會被這原始慾望帶動。剛提過，如果沒有「聚」這個意念，就沒有辦法產生出生命，關於這個「聚」，釋迦摩尼佛用「成住壞空」來說明它的無常性。它是因緣法，因緣具足時「聚合」就出現，條件不具足的時候就退去。而條件不具足，不代表它不存在，而是它隱含在「空」裡面，隱含在所有的可能性裡面，等到機緣再次到來，它就又出現了。

隨著個體被創化出來，個體的無明也隨之產生，而「輪迴」，於焉開始。

眾生難見著「無明之美」，反被引動的現象所困，產生一連串的反應。如煩惱、恐懼、執著、憤怒、負面情緒、悲觀想法，以及種種的創化與幻相。

然而這一切，才是照見本質的路徑啊！

不論是哪一類的眾生都有個人意識，譬如，六道（畜牲道、地獄道、餓鬼道、人道、修羅道、天道）的眾生，其實他們都有自己的個體意識，也都有意識的無明。那麼，有趣的地方就在於，反而這樣的無明狀態，才令他們的生命一直不斷的「輪迴」。

從另外一個角度來說，輪迴就是創造，就是因為個體意識的無明，所以創化的動能才有辦法一直不斷的繼續下去，也因為這個動能，引發了個體的輪迴。

但是這樣的循環並非不好，它根本沒有所謂好跟不好的分別，它其實只是一個樣貌。所有的真理，都是要讓我們明白：宇宙的實相，宇宙的真相，及如何回歸到我們的本質、本覺的狀態，並了解無明的本質是什麼。

所以我們不是要斷除無明，而是在我們清楚無明的運作之後，自然就會知道我們的本質是超越無明的狀態，是超越渾沌的狀態的！而本質，也必須要透過「渾沌」、「無明」，才有辦法創造出一切，否則這個生生不息的遊戲就玩不下去了！

當個體，因為色、受、想、行、識㊟聚合起來時，就產生了「俱生無明」，也就是說，我們其實不了解自己的本質，也不了解無明及生命的本質，當然也不了解所有一切的本質是什麼。我們總是只用個人的意識及個人的思想來看待這一切。

至於，個人的思想是怎麼形成的？

我們極容易受限在眼、耳，鼻、舌、身、意的感知裡，也就是所謂的「六根」。當眼睛看到景物之後，透過眼睛的神經細胞把訊息傳到腦中，接著在腦中將它重組起來，形成一個影像，然後就，產生渴求或者是排斥這種影像的種種概念，產生喜歡或者是痛恨的感覺，衍生出很多相關的想法出來。（耳、鼻、舌、身，亦復如是）

其實我們應該仔細去觀察，我們是怎麼被這六根所侷限。我們被這些收集外界訊息的窗口，被這些有限的感覺愚弄著！透過這些窗口，我們其實只接收到非常有限的訊息。例如人類雙眼的可見光範圍，不但非常的

㊟「五蘊是色蘊、受蘊、想蘊、行蘊、識蘊五者的總名。」

五蘊的蘊，梵語Skandha，有「積聚」的意思，累積五聚，可以成就我人的身心。在佛經中有「器世間」與「有情世間」之分。器世間是我們生存的物質世界，有情世間則意指有情識的眾生，主要以人為代表。

色蘊構成物質世界的基本質料，受、想、行、識四蘊，是構成有情眾生精神作用的質料。

色蘊：「色」，即物質的概念。「色蘊」就是物質現象的積聚，物質性的存在。色由地、水、火、風元素積聚而成，進而組成肉體－眼、耳、鼻、舌、身五種器官，因此有了感覺的對象－色、聲、香、味、觸等外境外相，意指世間一切的物質現象。

受蘊：「受」，指感受的作用。有苦受、樂受、捨受。

小，也非常有限。可是我們卻以為，我們已經看到全部，就很像以前我們常比喻的「井底之蛙」。

一隻青蛙出生就住在井裡面，它以為它看到的就是世界的全部，有一天，當它跳出井外，它才看到，外在的世界是如此浩瀚！如果當它跳出來時，正巧下過一場大雨，因為大雨積起了一個大水窪，而那個水窪比井的範圍還大，它就以為那個水窪就是全世界。可是當水窪的因緣和合結束時，也就是說當太陽出來，水窪慢慢的蒸發消失的時候，這隻青蛙得離開水窪，繼續它下一個旅程，這就是象徵生命中的「無常」，但它也因此見著更大的世界！

「無常」讓你離開井的侷限，使你知道自己如何被六根所愚弄著！

在這個宇宙裡面，一定有「無常」，無常意指「沒有常性」，沒有任何東西可以恆常的存在。

為什麼在宇宙中，一定有「無常」呢？

此種苦、樂、捨受，是超越主客觀立場，最原始的受。

想蘊：「想」，指「知覺」或「表象」，也就是看見萬物，而引發在知覺、概念、思想、記憶與外在表象等心境融合之像。

行蘊：「行」，意指「造作」，「行為」，特別是指透過思想、意識決定的行為。

識蘊：「識」，透過對象的分析與分類而產生的作用即是意識。所以識的定義是了別——了解分別，指一切活動賴以發生的精神主體。

五蘊，含括世間所有的一切，它有物質，也有精神，是心物綜合因緣聚合的一切。五蘊只是現象，是因果相續的過程，是無窮無盡的緣起狀態，若未能照見此現象，則俱生無明。

因為宇宙要一直不斷的演化下去。真正的真理，（生命的「實相」），就是在這宇宙裡，萬物會一直不斷的「創化」。但是，有些人會覺得這樣變化是不好的，甚至害怕改變。事實上，變化就是演化，憑著這個變化而推動前進。在宇宙中，在原始的渾沌裡面，有一種生命的動能，它推動所有的演化，也推動所有生命的進化。我們以前面講的青蛙為例，當太陽出來，水窪漸漸變小消失了，這時我們說：「無常發生了！」於是無常推動青蛙的生命前進，而繼續前往下一站的旅程。當它來到洞庭湖的旁邊，才發現湖竟然比水窪還要大，於是停留了下來，在湖邊展開新的生活。如果我們假設大海才是我們的源頭，那麼洞庭湖根本還差得遠呢！

可是，因為受限於視野，於是青蛙執著在目前生命所呈現的狀態，以為洞庭湖就是生命的實相，就是一切，而讓生命停滯在那裡。不過，它在停滯的狀態下也一直不斷在創造喔！它創造出家庭，然後生小孩，再一直一直不斷的創造下去，直到它自己這個身體無常的時間到了，在肉體死去之後，它又用另一種生命的形式輪迴，一直不斷地循環演化著，這就是個人意識的無明。

「無明」就是意識的邊界！

個人意識的無明就是，眾生都有「不識本心」的無明，因為我們忘記來自本覺的力量，我們忘記自己是佛，忘記當時參與渾沌一路演化的過程，我們就像「鮭魚回流」一樣，鮭魚媽媽在淡水的環境下產卵，生下了小鮭魚，而小鮭魚在長大的過程中，慢慢游向大海，當到了繁殖的時間，它們又再從大海游回原本出生的河流，生命就是這樣一個返本溯源的過程。

也就是在這樣的過程中，才又了解到我們自己就是佛，我們就是所有光的源頭。

所以「創造」其實是一個非常「無聊」的過程（笑）。

所謂的無聊就是，因為生命實在太「無聊」了，所以才演化這一切。而個體意識就是因為我們執著於「人」是一個真實存在體的概念上面。因為這個「真實存在體」，於是我們就執著於「我」，執著於「擁有的一切」，執著於我們所創造的一切。比方說，婚姻、家庭、事業、健康、交友關係等，我們創造出一切的人事物之後，最後卻被綑綁住，生命從此就「執」了。

還記得之前提到的嗎？宇宙爆炸之後，各個星球需要有一個「聚」的力量將物質「執」起來，它才會成「真」，它才會成就，可是我們很容易被這個聚的力量綑綁住。原本是要享受演化中不斷創造的喜悅，結果我們反而被這個創造所綑綁。

除非我們可以了解，一切相其實只是聚合體，是我們的創造物。它是一種樂趣，是一段過程，它不是本體本身，如同《金剛經》說的：「凡所有相，皆是虛妄；若見諸相非相，即見如來」。

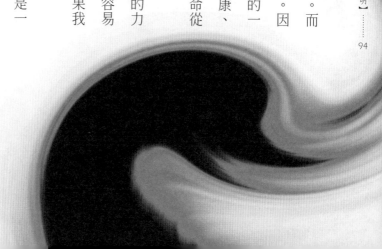

接下來可以談談，從個人意識的無明，到潛意識的無明，到超意識的無明，到本覺。也就是從地球意識到宇宙意識，到超宇宙意識，最後到本覺的一個無明的過程㊣ch3-01。

個人意識就是我們在執取的過程時，會產生非常多的意識，忘了一開始的初始源由是什麼，忘記事物的本源狀態而落入侷限的概念中。《金剛經》裡面講到，人最大的無明就是「認為我們自己和所擁有的一切就是生命的全部」。當某一天，這些「生命的全部」消失時，我們痛苦到要尋死、要發瘋，無法接受或十分的恐懼，這實在太膚淺太狹隘了！這現象對應到《金剛經》講到的四相，就是「若有我相、人相、眾生相、壽者相，即非菩薩」。有這四相的概念，我們就會執著在「有我、有他」二元世界的樣貌裡面。

「我相」，就是演化到聚合成「人」之後，我們從此就執著在「我們是實體存在」的想法裡，於是我們就會開始爭取想要的東西排斥痛恨的東西。

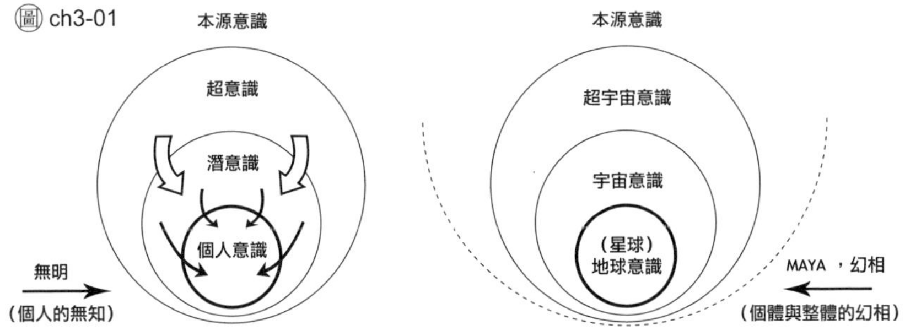

圖 ch3-01

「眾生相」就是指「他」、「別人」、「自己以外的生物、眾生」，也就是這個世界的萬事萬相。當眼耳鼻舌身收到了這些外在的影像，這時，我們就開始有了分別的意識。

「壽者相」，就是執著「生命長短」的概念，我們都被自己看待生命的觀點所侷限住。譬如說：「人」一生就是只能活這麼久，而且都很希望活得長，活得健康。「生命有限」的這個概念就是壽者相。還有人創造了更多的概念，比如有些人創造出另外的世界，像「天界、天堂」這樣的地方，並且認為「在天界生命是無止期的」，「生命在那裡是無限的」。

會這樣是因為人覺得自己在人世間的壽命很短，就像蜉蝣一樣㊟，因為這個「在人世間，生命非常短暫」的概念，讓我們有「想要了解生命」的「慾望」。於是，我們又因此創造在天界、天人的狀態…等等。

所以說「六道」也是我們創造出來的，在這個宇宙裡面所有的一切，都是我們創造出來的，因為我們的心念，我們的本質，其實跟本覺（就是

㊟浮蝣的壽命極短暫，在一天中就完成了一生所有的經歷。它從蛋被孵化出來，到開始吃東西，結蛹，最後自蛹中飛出，接著交配，生蛋，然後就死去。這些在一天之內，就完成並結束了。

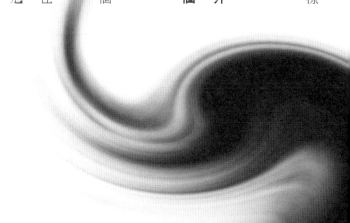

本性、佛性、神性）是一樣的，雖表現不同的相貌，但我們卻擁有同樣的本質！

當人類覺得自己的生命非常有限時，就會渴望有一個無限的境界存在。於是人類創造了天界，創造了天堂，因為我們需要有一個永恆不滅的境界可以寄託。

有很多人相信「生命是無始的，生命是永恆的」。事實上，這也是一個「創造」。

當你到天堂的時候，你的生命的確可以無限期延長，但是你仍然停留在這個宇宙中，你還是在這個層次裡面繼續在創造著。你可以享受這個過程，但是你無法從這樣的遊戲中跳脫出來，因為你還是一直不斷地在創造。所以，不論人是堅持「生命是短暫的」，或者「生命是恆常不滅的」都無所謂，因為兩者都是著相。事實是，我們的本質遠超越「生命是有生、滅相」的這個思維。我們的本體才是真正的源頭，也就是說生命的本質是超越「壽者相」這個概念的。

最後是「人相」，也稱作「補特伽羅相」，意指人類的集體意識。

這可以用印度傳統的種姓制度㊟來說明。古老的印度，如果出生在婆羅門，自然就是高貴的，其他還有武士、商人，最下階的僕人或更低微的地位。當你在印度出生，你就生在這樣的種姓制度下，身份地位就沒辦法改變了！而他們認為生在哪個階級都是業力的關係。因為前世所做的，一切會影響這輩子應是什麼階級，那是沒辦法改變的。所以只好讓自己這輩子多多行善，好期待下輩子可以投身到高等的階級。人們總是期待著一個東西、一個慾望，期待下輩子想要生而富貴，期待可以像菩薩像佛一樣，期待下輩子可以開悟……。**當你期待著什麼東西的時候，這其實是人類集體意識的心願，是由許多人的慾望所堆積出來的意識狀態，也就是「人相」。**

㊟印度於1947年獨立之後，廢除種姓制度，其憲法在前言中，亦禁止因為不同種姓而有歧視待遇的聲明。然而種姓制度的觀念，在當初仍深植印度難以拔除。直到1980年代，才開始漸弱。1997年，**K. R. Narayanan**擔任印度總統，成為自印度獨立以來，第一位出生賤民的國家領袖，種姓制度正式落幕。

所以個人意識的無明，當執著在這四種相貌的時候，就會不斷的演化，因為生命的慾望，會推動著你要一直不斷的演化下去。**所以必須要看清楚這些執著，必須要看清楚這一切，才有辦法完完全全的鬆開㊟**，於是當面對無明與執著時，才不會採取對立面，才有辦法完全跳脫出來，但是你必須先明白這一切。

意識的無明，就是思想的執著與慣性，是源自於潛意識的無明。

其實潛意識就是阿賴耶識。

「阿賴耶識」是一種無意識的狀態，沒有辦法用頭腦去感知。而阿賴耶識的無明是什麼呢？阿賴耶識就像一個倉庫，它儲存記錄所有的慾望，或是你想要成為的模樣，因為潛意識裡面蘊含著創造所有一切的動能，就像宇宙的空一樣。當你慾望的強度達到極限，而這個極限推動所有的條件聚合起來，一旦聚合，它就開始創造開始展演了。所以阿賴耶識或

㊟「鬆開」：停止追求、不再抓取的自在狀態。

說潛意識，它具有儲存與播放的功能。潛意識它提供了一個創造的舞台，它提供了一塊畫布讓你隨意揮灑，也供應創造所需要的動能，但是一個人要從潛意識裡面跳脫出來，其實是一個非常困難的過程，因為潛意識掌握著一切，潛意識裡面有我們業力的業板㊟，而它記錄了一切，它記錄了我們生生世世所有的慾望。比方說，你覺得自己是一個非常了不起的人，或是，你在這輩子很窮，沒有錢，於是就好渴望能有錢；或是你在這輩子壽命很短，你就好想要擁有生命很長的感覺，甚至想得到永生的秘密。因為在意識中你執取了這些東西，於是便讓自己生生世世不斷的去追求它。

所以要從潛意識裡面跳脫出來很困難，甚至可以說，我們都被潛意識操控著！在潛意識裡面，因為有著累世以來慾望的種子，於是讓你不斷的重複經歷。當某些事情來，你只能「反應」，因為你心的種子是什麼狀態，你就只能這樣反應，自己是無法察覺的，這就是「潛意識的無

㊟「業板」就是過去生生世世，需待轉化的未竟課業之紀錄。
可參考下列書籍：
1《前世今生》／張老師文化。
2《靈魂轉生的奧祕》／世茂出版社。
3《靈魂永生》／方智出版社。

明」。因為在那當下，你無法理解自己竟是受到潛意識種子紀錄所操控的機器人，我們只是潛意識的機器人罷了。

總之，潛意識裡的動能提供了一切，但是它也讓我們成為自己的限制。我們會一直不斷的創造下去，也是因為潛意識中蘊含的動能，這其中自有它的美，也是因為這樣的特性，所以我們才再度來到這個世界，才能一直把這個遊戲玩下去。有一些人，他去靜心、打坐，學習各種法門，當他進入潛意識的時候如果沒有人帶領就會停留在那裡，以為那就是「空」，有的人會執著在一種狀態，以為「空」和「有」是對立的，甚至以為守著「空」就可以解決一切的煩惱。在進入到那樣的「空」的時候，也是可以禪定很久，可是那和「智慧」和「明」是不一樣的。其實那就是達摩所說的「無記空」㊟，如果你落在「無記空」中，那反而會延長你的無明，那是一種無意識的修行，但無意識的修行並不會帶來智慧，所以那樣的狀態，是沒有辦法，從「無明」創化的遊戲裡面，真正的跳脫出來。

㊟修持時，以為什麼心思都不想，看似斷緣，卻非真心，還是昏住心性的情形。

從另外一個角度來看「地球意識」(註)，其實也是一樣的。地球意識的無明孕育了地球的生命。很多神話故事裡面，就曾提到地球的大地之母「蓋亞」(Gaia)。地球意識是一種集體的思想，我們稱它為「集體意識」，就像是「共生共榮」或「地球的資源有限」，這些其實都算是地球意識的無明，因為它會衍生某種概念，而這個概念再創造出更多的想法與教條，為了遵守捍衛那些教條，就變成越來越執著，變成陷入對立面的思考，於是，生命的面向就固著在二元的限制性裡面。

舉例來說：人類在一百年前，還沒注意到環境的變化，不知環境已開始受到破壞。但是當地球的意識不斷的覺醒，生命不停在演化，自然就會有人發覺這方面的問題。於是在蒐集了許多的資訊後，就發現到地球正受到人類行動、行為的破壞。因為個人意識的無明，產生出集體、存在感的威脅，所以會開始發展出「解決問題的行為」，那麼這樣的「行為」就形成某種社會現象，比如說，環保意識開始抬頭。

(註)地球意識即集體意識。

但是環保意識也會變成一個教條，因而造成侷限。有很多人在參加環保相關的活動時，帶著「人類骯髒齷齪，是人類造成地球的混亂，是人類傷害了地球」的想法。許多環保團體，或是提倡環保意識的人，都會經歷一個受到教條捆綁，而衍生出集體意識的過程。比如說，他們會覺得自慚形穢，甚至認為自己不配稱為萬物之靈，不值得生在這地球上。就是說大多數的人，都會受到某些教條的捆綁，然後衍生出集體意識，衍生出地球意識的無明。現在覺得對的事情，不見得一百年後還是對的。所以現在到了一個整合的時間點，**很多人開始覺醒，意識不斷在提升改變，舊有的概念與架構也開始受到衝擊。當衝擊發生的時候，因為無明（不明白），就會讓很多人感到恐懼與害怕。所以當地球意識開始覺醒的時候，「無明」也同時呈現出來。這時候整個地球就會呈現出集體意識的混亂，在混亂中會產生很多的破壞，但也同時啟動新的創造，新的創造會有它的執著，如此不斷的演化下去……。**㊟

㊟古魯在幾年前就預知2008～2012年經濟世界會有很大改變。而思想的範型改變可參考下列書籍：

1《寶瓶同謀》／方智出版社。

2《你正在改變這個世界》／方智出版社。

3《一個新世界》／橡實文化。

宇宙意識代表「創化一切的源頭」，而這源頭含藏所有的動能，它超越了個人意識和潛意識，它是宇宙中一切的源頭，它是慾望的動能，但它仍然有它的無明。

宇宙意識就是超意識，是宇宙之主。

這個宇宙之主，可以感受一切，可以創化一切，但是這層次的意識仍然有邊界，而它自己無法看見自己的邊界，這就是它的無明。就像我們沒有辦法看見自己的邊界，我們的眼睛沒有辦法看見自己的長相，我們必須透過reflection（反射），才有辦法看見自己的樣貌。宇宙意識創造出各種的生命型態，而各種的生命型態其實是一面鏡子，反射出宇宙意識自己。

因為宇宙意識的無明，使它沒有辦法看見自己的邊界，所以就以為自己是一切。很多人修煉到宇宙意識的狀態，與宇宙意識合一的時候，會以為自己是宇宙之主、是神、是阿梵達㊟、是一切。

㊟阿梵達，Avatar，萬物的創化者。

但是事實上，這僅是另一個階段的開始。

一個人可能因為某種因緣，前進到可以超越潛意識，並進入到宇宙意識的狀態，這時他會覺得自己是「神」，他以為自己即是萬物的源頭一切的泉源，會以為自己已經達到「最高」的狀態，但這仍是幻相，是宇宙意識的無明，因為這個無明會一直不斷地創化，所以便不斷出現各式各樣的經驗。

因為有了這些「經驗」，便有人以為自己是非常非常偉大的佛或上帝，其實這都還只是侷限在「無明」和「明」之間的二元狀態裡面。但是，宇宙意識的無明，已是非常非常淡薄，它不像個人意識或是潛意識那麼濃密。個人意識最濃密㊟，然後到潛意識的層次時，無明已經沒那麼濃密了，到了宇宙意識的時候，它已經變得非常非常細微，那種振動是非常非常細微的狀態，可是，它仍然存在著無明，也因為這個無明，一切又繼續的創化下去。

㊟「濃密」：意識波頻較為固著，不易轉變或更替，難以溝通且不易流動。

我們配合七層體㊟的圖來看的話，宇宙意識在第五體，它創化一切，但還是必須放下這些創造創化的能力，必須看見自己的邊界，才有辦法繼續往前走。接著就來到「超宇宙意識」。

超宇宙意識的狀態是它已經廣泛到「幾乎」沒有邊界。為什麼會說幾乎沒有邊界？因為在超意識狀態，它可以創化出無限，幾乎多到八萬四千億個宇宙。佛經裡面提到八萬四千億，意思是多到沒有辦法用數目來形容的程度，在這個層次已經可以創化出非常非常多的宇宙。所以就是在這樣的情況下讓它感覺到幾乎沒有邊際一樣。

它也存在著一種幻相，一個既不是源頭，但卻可以創造出一切，又幾乎沒有邊際的一種非常微細的狀態。當你修煉到這樣的狀態之後，如果沒有人敲碎你這個幻相，你就會停留在那邊以為那已是究竟的境界，以為那是超越三界外的境界了。

其實，還沒有。

㊟「七層體」，詳見P.66圖解。

到那裡，你還需要再繼續、繼續不斷的覺醒下去，繼續不斷的提昇覺知，然後直到你明瞭，

你是本覺，

是佛，

是如來，

是佛性，

是神性，

是演化著一切的源頭。

但卻沒有絲毫「演化一切」的概念。

無常是一種愛的提醒，一種很深很深源自於本質之愛的提醒。它讓我們自幻相中提升，自行解脫執著的束縛，投入本質大海！

所以，每個層次都有它的無明，但每個層次的無明也都蘊含了它的美。

如果沒有無明，我們沒有辦法認識無常，沒有辦法創造無常，沒有無常，我們就無法了解生命的實相，我們會執著在永恆的幻相裡面，執著在個體意識、潛意識，宇宙意識、超宇宙意識的幻相裡面。

在經歷這麼多的經驗之後，開始協助許多人去了解自己的本質，或引導很多人去看生命的本質之後，都讓我深刻體會到，其實無常是一種很深的愛的提醒。我們常聽到某些教徒，因為對於「無常」有偏頗的見解，所以他們會對「無常」產生害怕或排斥的感受，或者把無常當成是藉口。好比他們會說：「唉！因為生命是無常的，所以我們不用太努力，反正努力也沒用。」

除非瞭解無常的本質、無明的本質，看見它其實是一種很深的「愛的提醒」，否則會因為誤解，而陷入負面的狀態。

個人意識的無明很容易著相，我們時常執著在一切外在顯而易見的事物上，比如說：啊！我娶了一個非常漂亮的太太；我嫁給了一個很棒的先生；我有一個很大的事業；我有一個健康的身體…等等。我們常會覺得自己是個了不起的人，或者認為自己已經達到什麼樣的狀態，在什麼樣的境界，所以當無常來的時候，剛好把這一切全部都摧毀！

因為把擁有的一切全部都摧毀，我們才有辦法重新創造，才有辦法從一堆廢墟、一團渾沌中，再一次的創造從無到有。從你擁「有」的一切，經由無常來摧毀這個「有」，於是從這個「有」再次回到了「空無」；又從「無」，再回到渾沌的狀態。因為這個渾沌，又開始了另一波創造一切的狀態。可是在這過程中你必須要清楚這個宇宙的法則，它的好意，它的愛。

感受到這樣的愛，你就不會把無明看成是敵人，你才有辦法從另外一個角度、從另外一個境界、另外一個方向看見無明的本質！

宗教給予人們很多的教條，對於看待無明這件事也是。

在印度教裡面，無明叫做Maya。

在許多宗教的思維裡面，擁有許多由人類所創造出來的二元概念。宗教是屬於第一脈輪的思維邏輯，是人類組合起來建構而成的團體。

宗教的層次，和我們內在本自具足的佛性、神性和本覺，是完全不一樣的。

我們本自具有的靈性是根植於第七脈輪，是原本每個人的內在就有的佛性和神性，它跟是否信仰宗教無關。內在的靈性、佛性和神性的覺醒，會讓我們理解：無明、假相、真理和世間的一切是什麼。

宗教基本上都大同小異，一個宗教的形成，與星球形成的過程很類似；一個星球在聚合起來的時候，因為「執」，所以它聚合。同樣的，當宗教開始形成的時候，也因為這個「聚」、「執」的力量，於是吸引更多人來，在這個聚集吸引更多人的過程中，團體也同時產生了教條，為的是希望把人聚合在那裡，希望成為世界上唯一的真理，希望自己是世界獨大的宗教。正因為如此，它的防衛機制開始啟動，因為它必須要捍衛自己的立場，這時「二元」對立就發生了。因為這樣，反而令很多深具靈性的人，開始漸漸脫離宗教的系統。脫離宗教的原因，大多數是因為宗教的教條與法規太過束縛與綑綁，以至於令人難以呼吸的感覺。其實各個宗教的先知們，或最初的創立者，他們都早已把真正的真理闡述出來了，但是後來的跟隨者並沒有往真理的方向看去，反而為了要捍衛那些教條法規，而產生種種分別，因此導致非常多的爭端，甚至引發出許多的戰爭。

二十一世紀寶瓶時代已經來臨，靈性的味道、靈性的氛圍與意識，正在不斷的開展與覺醒。於是人們開始了解，原來所有宗教的真理都是相通的，都是源自於同一個地方，同一個源頭，只是各以不同的「相」，不同的樣貌呈現出來。事實上，所有的真理，全部都是指出相同的狀態。比如說，之前我們所列舉的：「凡所有相皆是虛幻，若見諸相非相，即見如來」。

所有的「相」，其實都是我們的概念。眼睛所見，耳朵所聞，我們將外界的訊息，在我們腦海中重組呈現出來，接著就開始執著，執取腦海中的相。一旦開始執著，我們就無法「流動」了，生命就開始固著固執了。

所以如果我們可以看到「諸相非相」，以及世間一切相背後的本質時，

你就能看到如來的本性，
就能看見自己的本性，
就能看見無明的本性，
就能看見無明的本質，
就能看見含藏於一切的光與愛！

如果我們以《金剛經》的這句話來舉一反三，就可以說成所謂「佛法者，即非佛法，是名佛法」，「所謂基督者，即非基督，是名基督」，也就是如果你執著「基督」應是什麼狀態，執著基督傳遞的概念，執著基督的信條，那你已經錯過耶穌基督了，你已經無法做到博愛了，因為在博愛的狀態是不會有分別的。在《聖經》裡面，及在失傳的湯瑪士福

音㊟裡說道：「從此，男非男，女非女，然後我們就可以進入天國」。這也就是說，從此沒有了男性和女性「分別的概念時」，就可以進入「天國」，天國只是一個比喻，其實就是在指我們內在的「本性」。

同樣的，「所謂阿拉者，即非阿拉，是名阿拉」。當你執著宗教概念的時候，反而錯過了穆罕默德的真理，因為穆罕默德闡述真主的真義，是要讓你放下所有的執著概念，放下所有的一切，這樣你才有辦法遇見自己內在的真主。所有的真理全部都是指向同一個源頭。

無明，是一種不存在的狀態。

從這個角度來看，無明也是假相，其實無明也是一種不存在的相。

當我們認為無明是存在的，當我們不了解它的愛和美的時候，就無法從中醒悟、擴展，就會不了解我們真的是佛，是神性本身。因為我們始終以為自己是「人」，執著在我們「這個人」的相、帶著這樣的概念，我

㊟湯瑪士福音，又譯為多瑪福音（*The Gospel of Thomas*）

《湯瑪士福音．陰陽並存的神性》

耶穌看見正在吸吮母乳的嬰孩，便對門徒說：「這些吸吮母乳的嬰孩就像進入天國的人們。」

門徒就問耶穌：「這樣我們需要返老還童才能進入天國嗎？」

耶穌回答說：「當你們能將二歸一、內如外、外如內、上如下、下如上，男女歸一，即男非男、女非女；當你們以眼代眼、以手代手、以腳代腳、以相代相，你必能進入天國。」

們卻想要成為另外一個相，然而這是不可能的啊！蘋果樹只能結出蘋果，蘋果裡面的種子，就只能種出蘋果樹，我們人既是由神創化來的，「神」就是本覺，就是上帝，我們就是從本覺直接演化出來，我們來，只是為了「體驗」這一切，體驗從渾沌，從空到有的過程，再從有返回到渾沌，返回到渾沌背後的源頭。

所以，事實上「修行」也是一種無明。

當你執著「自己在修行」，執著「自己的概念」，執著「一個相」，其實這才是真正的無明。並非有一個無明或開悟在那裡，也沒有涅槃，沒有天國。當你深觀明白這一切的時候，那就「明」了，你就不會被這外在的變化所混淆，就不會受宇宙創化的遊戲所蒙敝，你的內在會明白這一切法、一切相。

一切法，可以分成三個層次。一是「有為法」，在宇宙中所有的創造都是有為法。另外一個是「無為法」，這是關於「空性」及「真理」。在有為法的組成裡面，一切都是會變動的，而有一種空性的創造，空性的狀態，它是完全不動的，但是這個空性的狀態，跟本覺尚有一些些的差距，所以第三種的層次，就是來自本覺「原來不動」的法，祂超越了所謂的「有為」和「無為」，超越語言超越所有，可是卻又含融一切！

所有的佛、先知、大修行者來到這世上，都是為了要傳達第三層次的法，那種原本不生不滅的狀態，那個跳脫一切語言可描述的狀態，那狀態既是「不二」，又沒有「不二」的概念！

那才是真正的「明」，但那個明不是修來的，是它原本就在那裡，當我們明白這一切及無明的本質，以及所有的幻化時，我們也就明白一切的相就只是相而已。它沒有好和壞，煩惱也開始有了它自己的美，這時我們才會真正從內在鬆開(註)，從無盡業力裡面鬆開，從慾望裡面鬆開，也才會從修行裡鬆開。因為修行是一種無明，給我們一種「有求有得」的概念，是一種帶著分別的無明，通常在修行的過程中會堆積很多宗教給予的概念，或者是自己給自己的框架，最後深陷當中，還沒有覺察到呢！

(註)「鬆開」：停止追求、不再抓取的自在狀態。

如果這世間一切的概念沒有摧毀，就沒有辦法理解，我們原本在「明」裡面的狀態。所以，當從這一切相跳脫出來的時候，我們就會理解「煩惱即菩提」的真正意思，會從另外一個角度看見煩惱的美，因為當一個人開始煩惱，煩惱障即呈現，為了解決煩惱，他會產生很多行為，產生出生命「創造」的狀態，也形成各種不同的結果，那是一種美。也因為當人們陷在煩惱裡面時，就會想要跳脫煩惱取得解脫，想要更深的去探尋，是不是能不要有煩惱？這就是宇宙進化的意識，就是整個無明的本意！那個時候我們就會知道，其實煩惱也是無形無相的，煩惱的本意也是好的。當我們了解到煩惱的本質也是空性的時候，那當然就「煩惱即菩提」了啊！我們要自己舉一反十，比如說，恐懼即菩提、陰影即菩提、負向即菩提、執著即菩提、無明即菩提、一切即菩提⋯。雖然沒有這些煩惱相、恐懼的相，或陰影、一切負面的相，並不代表就沒有恐懼，只是雖有恐懼，但也不會執著在恐懼的相貌裡面。換言之，當不再執著恐懼的樣貌時，反而可以跟這個恐懼共存，當可以和這個恐懼共存的時候，就可以從這裡面很輕易的跳脫出來。

無明推動了所有的創造，這需要很深很深的洞見才能明瞭。

無明是開悟的基礎，

無明它是本覺的基礎，

無明是讓你能了解「明」的基礎。

因為無明我們才能夠了解一切，當了解了一切，自然可以「無所住」。

住就是執取的意思，當不再會執取所有的概念，反而回到一種很真、很純、很平常的狀態，反而理解到什麼叫「無願、無相、無分別、無所得」的狀態。我們不用再拼命要「得」，因為我們的本體原本就跟宇宙一樣，跟這個偉大的創化力量一樣，跟渾沌一樣，也跟無極、上帝一樣，是沒有分別的！所以沒有「上帝」或「跟上帝一樣」的概念時，已經無法用所有的語言來描述了。

如果你現在認為以上所講的這些是真理，那你也開始著相啦！(笑)

這就是釋迦摩尼佛為什麼會在《金剛經》裡面說：「所謂佛法者，即非佛法，是名佛法」，因為真正如來、真正的先知、真正的智者所傳遞的東西是非語言所能描述的第三種層次的真理，你必須運用「覺」，了解無明，以無明為基礎進而體驗到明，因為明就在無明之中，因為一切就在無明之中，因為本覺就在無明之中。

所以，無明很美。

無明，

無常不斷流動，很——美。

明，就是光，就是你明白這一切都是光，本覺之光！

本覺之光，創化出渾沌，渾沌又創化一切。

「光流」，從本覺之光，流洩出所有的一切，但沒有創造的概念，世間宇宙的一切都只是它自己，當一個生命來到這樣的狀態時，他就已經從表相，領悟到內相，領悟到密相，到祕密相，最後來到本覺。一個很普通很平凡的存在，一個沒有任何概念的真人。

所以，…很美。

愛的加油站

上一個世紀，人們都在想辦法掌握更多的知識，想要了解生命中所有的一切，滿足自己的掌控慾，並逃避面對生命中的不確定性與不安全感。他們無法忍受**不知道**與**不清楚**—混沌與無明，卻又發現生命中最重要的根源就是**「混沌」**—在不清楚中求生存。

無明也是如此。

混沌理論與模糊邏輯代表生命的隱秩序，無明意識象徵著生命最寶貴的禮物：「愛」與「創化」。

事事分明，好難愛；條條合理，無新路。

騷人墨客飲酒狂歡，為的就是要進入無明中找禮物；高人隱士靜心打坐，也是要進入無明中找答案。

排斥無明，只會更加深我們自己的無明；擁抱無明，我們將得到生命的禮物！

◆推薦書目：

《黑暗也是一種力量》／人本自然

《陰影也是一種力量》／人本自然

《還我本來面目》／商周

《鑽石途徑》／心靈工坊

《當和尚遇上鑽石》／橡樹林

無

第四章

【心靈覺醒的金鑰——覺知】

第四章

【心靈覺醒的金鑰—覺知】

真正要傳遞的，是無法用語言或文字來表述。但透過語言，卻能讓我們有釐清，讓我們在迷霧中發現一些原本渾沌不明、不懂的，或是不正確的概念。

然而，語言或文字所傳達的狀態，都不是那真正要傳達的。真正的狀態，都已在你的內心，因為一切東西原本就在內在的意識深處，不需再說。

真正的真理，無法用言語文字來敘述，只能夠親自去覺知它。

關於「覺知」，許多人都有所混淆。

人們對於「覺知」，瞭解的很表相，甚至很多人將「覺知」和「感知」混淆在一起。很多人以為，我們可以感覺到一些以前感覺不到的事物，就是擁有覺知，或是可以感覺到能量的存在、振動，或是收到別人的意識波、思想波，就以為那是覺知，其實那只是在「感知」的階段。

讓我們從「七層體」的系統來觀察㊟ 圖 P.66 ，就能夠非常清楚的對照在我們意識覺醒的過程有七個層次，也就是七種不同的狀態。透過七層體的觀察，就可以很清楚的解釋什麼是覺知？什麼是感知？甚至可以探討到「真正的直覺力」是什麼？

首先我們先來談什麼是「覺知」。

覺知，是指「人類從極深層意識裡的一種甦醒、一種覺醒」。也就是從原本非常深沉熟睡的狀態中，被喚醒了！一種醒來了，明白了，明瞭了的狀態。

那個「沉睡的過程」，我們就把它稱作未明的、無明的、未知的狀態。我們從來自於原本無法用外在感官知道的一種很深的源頭那兒甦醒過來！所以覺知代表一種很深的體悟與領悟，很深的覺察洞察，它帶來一種對生命全新的發現、全新的「知」，…然而卻又「只是靜靜地看著」一切。

㊟七層體，源自於喜馬拉雅的傳承，自古以來，所衍展而來的系統，可用以觀察能量與意識覺醒層次的狀態，為古代開悟的大師們，所開啓的一個覺醒路徑。

覺知和感知屬於完全不同的層次。

感知，是透過「五感」（眼、耳、鼻、舌、身），及「意」的範圍所接收到的訊息，如：眼睛看到、耳朵聽到、鼻子聞到、舌頭嚐到、身體觸摸到、感覺到，指一切用感官去感知到的任何訊息。因此必須要有一個「標的」存在，好比說：外界的事物，某個對象、事件等，好讓你可以看到、聽到、嚐到。所以這之間一定包含了「二」的現象！比較深的說法就是指「能」與「所」。

它一定有個「所知」存在，於是才有辦法感知到它，而「能知」就是「五感」，感官上的知其實是屬於比較粗糙㊟的振動波。至於較微細的，我們稱為「超感官知覺」，它可以聽見或是看見一般人無法感覺的訊息波，其實就是我們說的「神通」如：天眼通、天耳通、他心通、宿命通、神足通等。

「覺知」，可說是漏盡通。

㊟宇宙萬物皆由能量構成，每一種能量狀態有著不同的振動形式。

固態的物件，或是宇宙中愈具體的狀態或現象，所呈現出來的振動波就較為粗略，氣態或是不可視見、精神化、形而上的，所呈現的振動波就較為細膩、精微、精緻。愈精微的振動，對外界所能造成的影響與共振程度就愈大，愈深入。

感知與覺知的敏銳度、寬廣度與深入度，也可透過此方式來觀察與認識。

而天眼、天耳、他心、宿命、神足通等，都可以稱它是一種超感官知覺的能力，只是它裡面少了一種很深的體悟和領悟，它只是一份特殊的感官能力，開發的範圍超過常人。所以，感知容易具有二元的「分別相」，它侷限在某種範圍裡面。

在感知裡面會夾雜著情緒，意識的判斷及概念。

但「覺知」不一樣。

覺知已超越二元的對應關係，它是「一元觀」。當你從很深的「睡眠狀態」甦醒過來的時候，對於一切，全部都清清朗朗的明瞭了，可是又沒有「我已明瞭」的概念。「感知」有一個「我」的存在，一個「我」的概念，如「我」感知到了。

但「覺知」不是。

覺知可以分為：粗覺知、細覺知、微細覺知、極微細覺知。把它細分為這四階段來對應，七層體的覺知，就可以有更深層的認識。

通常我們的生命，都被「概念」侷限住。

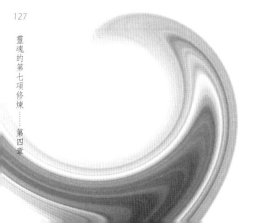

長久以來，
被肉體的狀態，
被環境的狀態，
被人類的集體意識，
被地球意識所侷限。
這種侷限性，捉住並耗散了我們所有的注意力，以至無法讓我們真正內在的「自己」甦醒過來。瑜伽是一種幫助我們「往內」的活動，為的是把自己的注意力，導引能量的力量、導引思想的力量，全數收攝到我們的內在，由外往內收攝回來。從人類意識、地球意識，從自己這個「我」的狀態收攝回來。

當注意力全部收回到自己身上時，內在會產生出一股動能，它會喚醒我們脈輪㊟的力量，喚醒我們身體的覺知。七層體中的每一層體，都有它自己的覺知，可是必須被喚醒。當注意力沒有辦法回歸到自己身上時，這種甦醒的狀態是無法發生的。所以「瑜伽」的方法就是，教我們把所

㊟「脈輪」：見P.69的圖。

有的注意力收攝回來，儲存在自己的身上，當這個能量集中回歸到某種程度，很像下大雨時水庫蓄水，當雨量很大的時候，水位超過一定的程度，自然就會滿溢流洩出來，那個時候，每一層體就會甦醒過來，那種甦醒就是「覺知」。

我們從每一層體來說明「覺知」，並且與「感知」作對應，那麼就會愈來愈清楚，每一層體的覺知與感知，二者是不一樣的。

首先從第一層體——身體，來看「身體的覺知」。

身體的覺知，打開「一元觀」大門的金鑰！

人的身體其實非常的奧妙，它俱有自己的意識狀態，但我們通常都以為身體只是身體而已。我們被人類及地球的意識綑綁住。從出生到死去的每一天，身體都跟我們在一起，但是對於自己身體較精微的狀態，卻陌生並且遲鈍。以為手感覺有觸摸到東西，那個感覺就叫做覺知，不是的！

我們來想像一下，如果有人拿一支羽毛劃過你的手；拿石頭放在你的手上；把水倒在你的手上，你的手肯定會有某種觸感，而且可以分辨出那些觸感是不一樣的。如果把眼睛矇上，也許未必能知道那是什麼東西，但你仍舊可以分辨出每一種觸感的不同。

感知的狀態，是一連串的神經系統，是對於很多訊號所產生的反應。

前面提過，只要有「二」，有「你」、「他」，有「二元的對待」，這時感知就出現了。然而身體的「覺知」，卻是像從睡眠狀態中醒來的感覺。有些人有過類似的情形或經驗，就是當即將要發生某種危險的時候，我們的身體會自然的做出一些反應來保護自己。譬如說：過馬路的時候，也許沒有特別注意到車子的行進，突然間要通過馬路時，你的身體瞬間出現了「要阻止你前進」的反應。

我們的身體中有一股生命力，含藏一種特殊的能量，也可稱它為一種覺識，一種意識。總之，身體有它原本的潛力，如同一株植物，當我們想要讓這株植物的原始生命力、潛力發揮的時候，使用的方法也許是在它的身上刻痕，或者是敲敲打打，當這種危急它生命的舉動發生時，反而迫使這一株植物的生命力就此甦醒，甚至開花結果了！它自然會反應並做當下應該做的事情，這種情形與身體的覺知覺醒的過程很像。

身體的覺知，不需要有任何「人、我」二元的東西來刺激，而是當能量回流聚集到自己身上的時候，能量充滿到某種程度，突然間有一種意識升起，突然間這個身體的覺知會自己呈現出來。當這樣的覺知開啟時，個體的感知力也會更加敏銳，會因為覺知的升起，更容易自然而然地感知到週遭的一切，安全的？或是不安全？是高能量？或者是低能量？這個食物是身體需要的？或者是負擔？

經由這樣的說明，就可以清楚的了解身體的覺知和感知的不同。

「感知」比較像是「心的作用」，也就是覺知的「用」。

覺知就像是住在身體裡面的主人。我們的身體對應第一脈輪──海底輪，也就是說，假設我們的身體是「無敵鐵金剛」，它的指揮駕駛座位於海底輪，那麼就好像駕駛座裡面的那個人甦醒過來了，他一旦甦醒過來，身體所有的神經系統，所有的腺體，網絡系統，所有的能量、經絡系統，突然間，因為駕駛座裡的人醒了，而身體的生命力與動能，也全部跟著甦醒過來！所以當身體的覺知甦醒，就會對外在物質及自己的身體，甚至是對生命，產生某種新的體悟、新的發現，我們也會更清楚的知道如何運用身體所有的感知能力。

當身體的「感知」甦醒過來時，我們便可以很容易的感覺到在身體裡面流動的能量，讓細胞也甦醒過來，甚至跟細胞做很深層的對話。這樣就可以知道哪裡的細胞有問題，知道是不是有病毒侵入，甚至可以運用你的感知，直接深入得觀察每一個器官、內臟，及每一個細胞。就好像你看著一棵樹，可以看到它的根是如何吸收土裡面的養分和水分，並傳送到它的樹幹、莖，然後可以很清楚很輕易的感知到這些養分、水分，正在滋養整顆樹，滋養所有的葉子，而葉子因為光合作用，把光的能量吸納進來，也提供給樹更強的生命能量！

當身體的覺知，甦醒過來的時候，我們自然就會對目前所處的世界、所處的空間，有一種全新的認知。

而身體的甦醒，是第一道門。

有些人，譬如奧修（OSHO），就認為任何人的甦醒，都應該從第一道門開始，甚至主張，要從第一道門進入，最後才有辦法到第七道門（第七層體）。在光流的瑜伽系統裡，強調的是全面性的「同時甦醒」，關於這一點，我們後面再說明。

當我們身體的覺知甦醒過來時，很多人因為細胞的甦醒，或是可以感知到能量，突然間會有某種「舞動」發生！突然間會知道怎樣輕鬆地擺動自己的身體，知道如何樣讓自己的身體感到舒服。甚至有能量阻塞住經脈的時候，身體會自然地做出一些無意識即興的動作，那是在非常即興、非常自然的狀態下做出的動作，這種覺知，會帶動身體所有的生命能量！

但是一般人若要開啟身體的覺知，一定要經過一段時間的培養，最重要的是必須把大多的注意力拉回到自己的身上。所以，有很多人是透過外在的活動，例如：武術、舞蹈，或者是運動。像這類的人，他們對於身體的感知力會比一般人來得敏銳。但是這並不表示這些高手已經喚醒身體的覺知，他們可能僅是興趣使然，也可能因為其他的生命創化力所引動的行為。所以如果要真正喚醒身體的覺知，必須把所有本來流向外界的能量，全部都集中回來自己身上，才得以發生身體覺知的全面甦醒！

如果要用文字來描述那股力道，真的很難，你只能親自去體驗它，就會知道「身體覺知甦醒之路」的真實狀態！

身體的覺知，既可以讓你有很微細的觀照，同時也有一種寬大的觀照，就是「整體觀」。從此，你看待身體的角度和方式，會變得很不一樣，好像能夠很容易的感覺到你跟大地、你跟天空、你跟宇宙、你跟眾生的連結，從身體裡面知道萬物好像都是沒有差別的！

這樣的觀照沒有時空的限制，它超越時空，超越概念，它就是整體性，有一種「一體觀」。

當我們喚醒身體的覺知時，這種全新的狀態就會出現！

情緒是生命的調色盤，讓生命更添一份色彩。當我們中性的看待它，與它和平共處地存在著，一種新的視野，新的洞見，就此升起。

第二層體——情緒體的覺知。

對多數人來說，情緒體是可以比較容易感知到的。有些人因為身體從小到大陪伴著我們長大，就變得以為理所當然的知道這是我的腳，這是我的手，又以為自己「已經知道」！

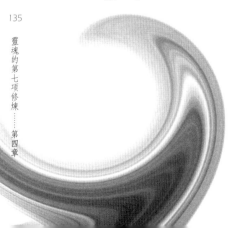

像身體這種例子來對應到情緒體也是一樣的。有些人天生的敏感度就很高，所以他可以很清楚的知道自己的感覺，如：現在是恨或愛，現在是憂傷或孤寂，現在是絕望或充滿無力感，或現在正陷於某種情緒狀態中。但是有些人卻習慣性的切斷跟情緒的連結，所以就變成當情緒被引動的時候，他馬上切斷它，不去看它，日積月累下來以致於最後沒辦法感知到情緒，卻以為自己是沒有情緒的，其實是在過程中強迫自己忽略它。因為切斷了，所以感知不到，卻以為它從來不存在。事實上不是！當我們喚醒覺知逐漸甦醒過來的過程中，我們都能夠感覺到，「這裡面是有情緒的」，「嗯，情緒體裡面是不穩定的」。

對於第二層體的覺知（或說覺醒），它其實是一種「情緒的甦醒」，一股「掌握情緒源頭的力量」。因為情緒是一種「能量」，它如同「情緒體的足跡」㊟。

㊟情緒只是下丘腦所發生的一連串的神經傳導物質的化學變化。

如果每一種情緒就是一條電流，那麼「情緒體」也就是供給所有電流的總電源。情緒體自身的甦醒，必須是在傳遞深層的領悟中發生，無法透過概念或語言，你好像可以很容易的覺知到外在很多情緒的交雜，也可以知道，你是這些情緒的核心，但卻又不只是情緒而已。就像跟這些情緒既是分開可是又同時帶著它們。你很明白它不是你，它是事件作用之後呈現出來的一股能量，一股振動，一股feeling。於是你可以「善用」這些情緒，可以很全然的處在這些情緒裡面，不管它是屬於悲傷、孤寂、絕望的負面情緒，或是勇氣、勇敢、真誠、激勵人心的正向情緒。

事實上，情緒本身並無所謂正向或是負向，它僅是一股能量。可是，因為我們的頭腦習慣分析，所以就利用頭腦的邏輯把情緒分類，貼上這些是正向的，這些是負向的，好讓我們可以容易的分辨，當所謂的正向情緒出現時，可以全力去展現，當所謂負向情緒出現時，如何能夠不被它所影響，才不用切斷這股能量流。如果就整個情緒體來說，對覺知而言情緒沒有分正向或負向，它只是存在著。各種情緒能量升起，它都只是存在著。不管你是否決定要從這些情緒體中跳脫出來，最終你都必須澈底的經歷這些情緒。不管出現的是什麼，當你愈敞開愈跟自己的情緒能量全然共振之後，這些情緒也就自然的流動，自然消散了。因為這些情緒都只不過是我們的感知，是我們跟許多人事物的「交叉相互連鎖反應」所產生出來的一種作用力罷了！這一股作用力終究是會逝去，就像雲來了，下雨，雨下完了，雲也散去了。

所以，情緒不是我們的敵人。

情緒裡面，有一種很深的力量，它要淬鍊你，不管任何一種情緒出現的時候，你是否能夠只是存在著，你是否能夠只是中性的覺知這一切。情緒無非只是要幫助我們，讓我們的生命增添更多色彩。當無敵鐵金剛裡的駕駛人，甦醒過來之後開始有力量，不再被情緒引動，不再被它拉著走，反而跟情緒和平相處，並且在學習與情緒和平共存的過程中，突然有一種領悟升起，而這就是「情緒體的覺知」。

真誠的看待世界，世界也將以最完整的面貌呈現。化幻為真的力量，無法用頭腦想像，無法以頭腦促成。那是一種單純與赤裸的存在，不受任何思想的侷限，不受任何概念的約束，沒有邊際的無限！

第三層體——思想體的覺知。

第三體具有很大的「創造力」。這種創造力來自於「思想」本身，因為每一個思想都是一顆種子，一股能量的種子，它在這個宇宙中，會自行吸引跟它同樣頻率的能量聚合起來。當這群同頻的能量聚合到某種程度的時候，所「想」的事物，就會真正的、活生生的被創造出來。當它被創造出來的時候，你也就可以真實的去經驗那些曾在你思想裡的東西。

一般人如果前三層體的覺知沒有喚醒，那第四層體以上的潛力也就沒有辦法被感知或覺知到。因為第三層體有一種很深的力量，可以把本來沒有辦法覺知到的狀態帶入這個世界裡。譬如說，第三層體可以讓第四層體「星光體」，存在於靈魂的潛力，或是第五體，宇宙的動能、宇宙意識等，這些本來虛幻的東西，開始呈現在這個地球上。第三層體就是有這樣的力量，可以把第四層體以上這些無邊無際的能量，轉化成在物質界中可以被看見聽見、可以被摸到的能量狀態。

所以，第三層體的覺醒、覺知，牽涉到一種「頂天立地」而須全然「真誠」的勇氣！

當你的思想體甦醒過來的時候，會發現你不再是用外在的思想、概念，或是語言來認識這個世界。這時內在會有某種力量，讓你開始真正的用自己的眼睛去看，耳朵去聽，用你的身體存在於宇宙中，存在於地球上，並且開始真誠的對待所有的人、事、物。這種狀態不是頭腦想出來的主意，它不是你想要學或想要這樣做就可以辦到的。它就只是很單純的對待一切。好像夏娃和亞當，一開始他們沒有二元意識，只是「赤裸裸的存在」於地球上，因為他們的心沒有受到任何思想的限制，沒有受到任何概念的束縛，完全沒有邊際的去感知一切去創造一切。是一種完全真誠的力量。

當思想體的覺知甦醒過來的時候，會開始創造非常多的新思想，因為它已經開始從裡面醒過來了，它已經有一種能力，可以從新的角度去感知一切，因為新的感知引發很多的創意、想法、革命。這種思想體覺知的甦醒，會變成一種裡面不用再依靠外面的一切的狀態。好比說：二十一世紀是資訊爆炸的時代，很多人會有資訊恐慌症，當思想體甦醒過來的時候，你不再覺得所有的知識都需靠外在的學習而來，你會有某種力量，是從內在油然而生的，這時候所獲得的洞見才是真正的真知卓見！

所以在這樣的狀態下來看待外界的訊息時，就很自然會有一種感知力，會知道你需要的訊息是什麼，甚至於信手拈來就抓到了重要的訊息，甚至更成為創造訊息的創造者、革命家。所以當思想體的覺知甦醒過來的時候，你會擁有「運用思想」的力量，這個思想可以創造相對情緒的能量，這個思想也可以幫助身體覺知的擴展，可以幫助身體更微妙、更精準的配合上你「想要展現的思想」，彼此間環環相扣而且息息相關！

當頭腦仍在運作或自我思想依然存在的時候，還可以清楚無誤的接收到更深層次的訊息，那就是直覺力，就是超越思想的一種idea。它來自於更深層的意識，也就是第四體——星光體的意識。

第四體——星光體。

星光體還有其他不同的名稱，如佛教是「意生身」，有些則稱為「靈魂體」、「精神體」，都是指同樣的東西。

到了「星光體」的時候，就已經到一個無法用頭腦，用五感或六感，去感知的境地。「感知」還有範圍，有侷限，但是「覺知」沒有侷限。覺知是一種內在深層意識上的「開放」，完全的敞開！說到這裡，文字確實已很難具體的描述它了！舉例來說，如果感知是電視接收頻道，當它接收到哪一種波，哪一個頻道，它就會出現那個畫面。但是覺知不用透過電視當媒介，它是一種全面性的「觀」，它只是看著，所以可以看到電波，也可以看到電視收到電波，還可以看到發射台，看到發射出來的電波，看到電視接收電波後呈現出來的畫面，甚至看到一些人正看著畫面，以及看了之後所產生的種種反應，這樣的狀態才是覺知。

所以星光體的甦醒，它意味著前三層體必會有某種程度的改變，對一般人來說，若前三層體的覺知沒有甦醒，那麼他們運用的就都只是感知力而已，甚至連感知力都會慢慢的變得遲鈍。所以在這種情況下，當他們感知或「看到」「星光體的存在」，譬如精靈或是鬼魂，他們反而不願意相信有這些東西的存在。可是它們到底存不存在呢？可以說有，也可以說沒有。這些星光體的存在，是我們每一個人都有的，如果要投生於「天界」，就是以星光體，或說意生身、靈魂體、精神體來投生的。

當這個星光體甦醒過來的時候，就會很容易的直接感知到來自宇宙的振動。它不是從前三層體，或是這個世界所發出的振動，當第四層體甦醒時，它會讓你更容易的明白為什麼上帝創造了星光體的理由，這時候升起的就是覺知。

覺知是一種甦醒，它讓你好像明白了很多的「為什麼」，會有一種「就是知道」的狀態。

每一層體都有一些有趣的現象，當第四層體甦醒的時候，你會了解為什麼上帝要創造前三層體的真正理由，及為什麼星光體要存在的理由。接著你會知道前四層體是怎樣相互交織運作的，這個就是覺知。但在這個層次，它還沒有辦法覺知到那些「在它以上的層體」，也就是更深、更精微的那些層體的狀況。對它來說還是未知跟迷惑，甚至是渾沌的，無「明」的。

所以當星光體覺醒過來的時候，突然間會了解原來所有的思想、情緒跟身體的作用，都只是一股能量而已，這時會對全面性的生命有更深層的領悟。這個階段，你甚至可以跟很多的「靈」溝通。就像對思想的分析一樣，我們用頭腦把它分成好的靈、壞的靈、天使跟撒旦、佛和魔。事實上，這些都是頭腦判別出來的，對覺知而言，並沒有所謂的正或是負的概念，只是「看」著。

當星光體的覺知覺醒過來的時候，可以很容易的跟所有的靈溝通，當然可以選擇不要開啟這個頻道，我們是有能力可以決定的。很多人在靈魂覺醒的過程中，如果這是應該肩負的使命，那麼他們可能會變成靈媒的角色，當他們把注意力放在這個區塊加強訓練的時候，他們搜尋訊息的精準度，感知力敏銳度，會更加提高！所以覺知跟感知，其實如同主從關係，像主體跟副體，覺知會依附在感知當中，但是覺知又是感知的主人，因為感知是沒有辦法取代覺知的。

感知，可以看到片段，而覺知，可以全面性的看見完整的狀態。

所以當這個人的星光體覺知甦醒過來的時候，會更容易的去理解及開啟前三層體中某些還未曾使用過的力量或是能量。可是對於前四層體的覺

㊂

當每個人遇見無明時，產生的「反應」不一樣。
有的是混亂（混沌），有的是恐懼，
有的是軟弱，有的是無力，有的是絕望與孤獨，
有的是發狂，有的是哀傷…。

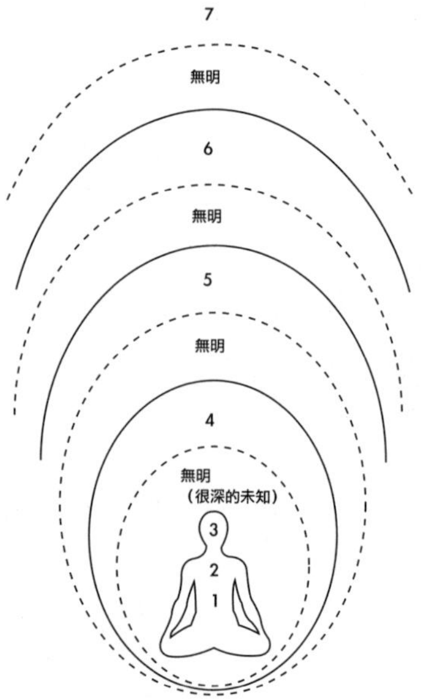

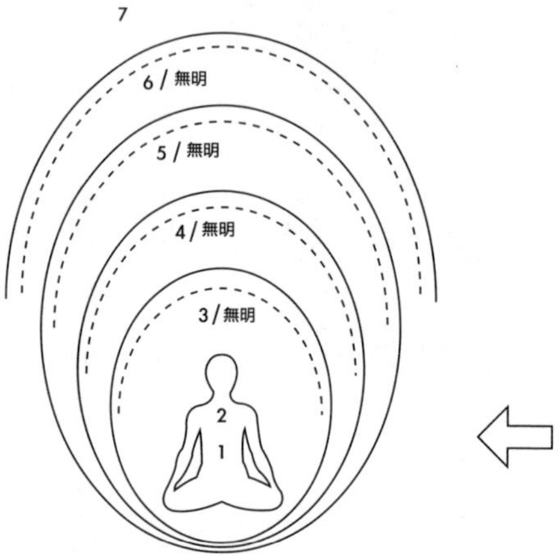

知而言，它還存在著某種的「無明」。事實上從整體來看，前六層體每一層體都還有它的無明㊟㊂，很像每一層體甦醒過來時，仍會感到有一層薄薄的無明罩著你。於是，當你的能量聚集到某種程度時，你又再次穿透那層無明，這時你就進入到了下一層體。當下一層體的能量，又聚集到穿透下下一層體的時候，那一層體的覺知就會甦醒過來，整個過程就像是這樣的情況。所以前四層體的覺知，它還是帶有某種無明的。

㊟無明，簡單來說，就是未明白，不明白的狀態。

當覺知提升時，當然感知力會比一般人更強，這裡就可以開始談到所謂的「直覺力」了。曾經有人說：「當你有頭腦與自我思想的時候，你仍舊能清楚無誤的接收到更高的訊息，那就是直覺力，就是超越思想的一種idea。」

直覺力是一種來自深層意識的訊息，所謂深層意識，只要從第四體往上就都是深層意識。假設你現在是處在前三層體的狀態，也可以說在我們的表意識狀態中，那麼直覺力就是從潛意識來的。如果擴展到潛意識，那麼直覺力就是從宇宙意識來的，甚至是來自更深層的意識。直覺力的訊息是超越思想超越頭腦的，這個訊息跟注意力有關。比方說，你的注意力是想要獲得某種靈感或創意的時候，突然之間來自更深層的訊息會來支持你，啟發你，讓你去發現一些事，直覺力，它可以在任何的層面中發生。比如關於身體的直覺，或者是關於情緒的直覺，關於智慧、創意、療癒、力量的直覺，都是當你的注意力放在哪一個重點或領域的時候，自然就會引發出那個領域的直覺力。

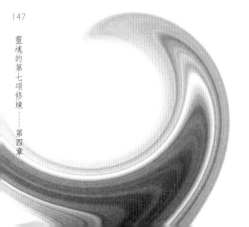

所以，前四層體自有它的覺知，也有它的覺醒，只是，還沒有到達一種全面性的圓滿狀態！

當第五層體的覺知甦醒，對於世間的一切現象，一切概念，全部開始有了一種全新的認知與體驗，看待無明已經不再是無明，看待所有一切名相與現象，突然都變得清清朗朗，明明白白，不再迷惑，而只是看著、存在著⋯⋯。

到了宇宙體的覺知，也就是第五層體——「宇宙意識」的甦醒，它有一種和前四層體分開來的感覺。宇宙體的甦醒，已經可以說是一種「開悟」的境界，對於印度傳統的瑜伽法門來說，他們認為只要可以跟宇宙合一，達到天人合一的境地，就是開悟的狀態了。

「開悟」的狀態是什麼意思呢？當深層的宇宙意識覺醒過來之後，對於宇宙中所有的一切事物都不再迷惑了，都完全明白了，對於個人的前四層體、對於生命的領悟、對於自己與他人、以及整個宇宙間的關係的領悟，全部都明瞭的狀態，我們就稱它作「開悟」。但對於光流系統的學習階段來講，宇宙體的覺醒只是一個開始而已，光流對於「開悟」的定義，是把它定在第七體的覺醒狀態。

談到宇宙體的覺醒（就是宇宙意識的甦醒）時，在甦醒前，也有可能在甦醒後，這個人會面臨一種非常非常大的混亂。因為所有以前可以感知到的，甚至是前四層體的覺知，都好像完全沒有辦法跟宇宙體的覺知相比！那種感覺如同我們晚上看見星星和月亮，呈現不同種類的光，有的是藍光、紅光，而月亮是反射光，突然間太陽出來了，所有的光，一下子全部都沒辦法比了！

那種狀態就像當宇宙體整個甦醒過來時，這個人的生命忽然間反轉了，完全汰舊換新！這個時候會明白自己與宇宙裡面所有的眾生都是一體，皆為一元相，萬物都是你，你也是萬物！然後會有一種非常深的喜悅感，這種喜悅是很難形容、很內在的。

第五層體的覺知甦醒過來的時候，突然間對於無明、輪迴和涅槃的概念，開始有一種全新的認知，無明已經不再是無明，佛教說的「迷與悟」也不再是「迷與悟」，看待所有一切的名相，突然都清清朗朗明明白白的只是存在著。所有「迷」的現象，所有「悟」的現象，所有萬事萬物的現象，對此時來講，既存在，也既不存在，超越這一切，也不超越這一切的，這⋯⋯，好難用語言來形容！它廣闊到我們的意識無法體會無法想像！

所以，當第五體的覺知甦醒的時候，在奧修系統稱之為「真覺知」，也就是為什麼在奧修的法門中，他一直表示覺知沒有那麼簡單、沒有那麼容易升起的原因。因為想讓第五層體的覺知甦醒過來，一個人必須累積非常多的能量，以及生命中非常多的體悟和領悟才行。當一個人可以從自己的個人意識擴大到整個宇宙意識，從自己擁有的事物，從人類意識中，慢慢擴大到整個宇宙的時候，突然在那個剎那，碰！覺知甦醒了！那時，全然真誠的光芒和極度深層的洞見，會從你皮膚的毛細孔中透出來，一種很深遂的個人氣質，在那瞬間全部都改變，跟一般人，跟前四層體的覺知，有著極大的不同。接著那深層的寧靜漸漸會來到身體、情緒體、思想體、星光體⋯，它會一直不斷的變化著，可是你會知道那個「中心」始終都沒有變動過的。外在事物一直不斷的變化，無常一直不斷的發生改變，可是你的心永遠是寧靜澄澈的看待著這一切⋯⋯。

所以在開啟到宇宙體的覺知時，很多人都誤以為那裡就是「真實的存在」。事實上，這才是真正「往內」的開始而已。所以「覺知」，它是一種很深的洞察，開展到第五層體的覺知時，你會好清楚身體狀態的反應、情緒的反應、思想的反應，你是如何被世間這些概念所束縛，其他人是如何被許多框架所侷限，好清楚所有的這些概念都是自己創造出來作繭自縛的過程。

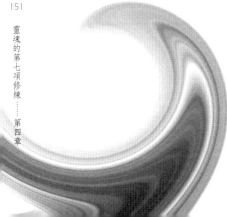

對於第五層體的覺知而言，所有的一切都是中性的。但矛盾的是，如果要開啟第五層體的覺知，必須要放下「所知」和「想知」，必須要放下這兩者的概念，在前四層體尚不需要做到這樣，但是若要開啟第五層

體，就要放下這些「想」，這些「欲」，因為放下了所有的慾望及概念，於是就好像「輕」得跟整個宇宙一樣！就是「空」的感覺，那種空性，中性的狀態。

這其實是互為因果的，也就是說當你要開啟宇宙體的覺知時，你必須確確實實的放下所知和想知的一切概念，相同的是，當宇宙體的覺知甦醒過來的時候，突然你也回到一種真正的中性的狀態，也會突然間明白所有的一切都是意識的定義及意識的遊戲，而這一切已經無法再迷惑你了，此時會愈來愈體會到我們這個覺識，這個宇宙意識，在背後看著這一切的那種感覺。這個階段的清晰度，比前四層體的覺知還要更清晰！所謂的清晰，所謂的明晰，我們稱它作「光明」。佛經裡面稱它為「毫光」，其實就是指一種非常深入的洞悉、明晰、明白所有一切的狀態，這就是光明的真正含意。㊟

當第五層體宇宙體甦醒過來的時候，宇宙裡面所有的無明全部都會被你「照亮」，你會在裡面將一切看得一清二楚，不再迷惑，會了解覺知跟

㊟這裡所稱的「光明」，與本書第一章所提及的光明比對，其定義是不一樣的。

無明其實是一體兩面，甚至不再被無明的「概念」所恐懼所困惑，也不再被任何的概念所束縛，因為你知道真正在「背後」看著全部的是所有一切的創造源頭。到第五層體時，你也會有「我是一切創造源頭」的感覺，而如果傻到執著在那兒，以為那兒就是「終點」的話，那就太笨啦！（大笑）

所以來到這個階段，你會開始有很大的創造能量出現，甚至也可以創造出所有的事物。可是每一個階段都還是會有它自己的「迷」，也就是它的無明。它可以創造出所有的東西，可以像阿梵達（Avatar）一樣（「阿梵達」是梵語，指活在地球人世間的神，祂擁有創造一切的力量及動能），但當祂創造一切時，也同是被自己所創造的動能與願力侷限住，被創造一切的作用力給反作用住了！

總之宇宙體的甦醒牽涉到一個人是不是真正進入修行，意思就是，真正靈修的起源是從宇宙體的甦醒開始的。

而光流瑜伽談的甦醒是從第六層體開始的，這就是為什麼我們稱「竟心」而不是靜心，因為從第六層體開始極微細的覺知會升起，可以很輕易的照見本覺，可以更輕易的去覺知到一切，可以更完全圓滿世間、出世間法的成就。

所以一般的修行是要看宇宙體也就是第五層體是不是真的甦醒。我們從每個人前三層體的狀態中，就可以觀察出覺醒的程度，比如說是否還罣礙著人類意識，是否還罣礙著情緒的感知，或者是否還罣礙住自己個人的意識及概念。譬如覺得怎麼樣是對，怎麼樣是不對的。其實當一個人的宇宙體甦醒時，他對二元的執取已經非常淡薄了。當然還是會執著在所覺知到的，但是關於二元的批判會變得很微細，就像你會知道這一切全部都是一合相，全部是一元觀，可是還是會有微細的「知道」你覺知的這一切，但它是很淡的。所以你很難從宇宙體的覺知已經甦醒過來的人的口中，聽見他對事物的批判，或是對人的批判，或是對於個人執著的概念的批判。他已轉化一切的慾望，他的愛與力量會更全面，會比一般人擴展到更大，甚至是沒有邊際的程度！這就是為什麼對一般人類而言，看到一個宇宙體已經甦醒的人，我們就覺得，哇！這真是非常不可思議的存在狀態啊！

然而，這還不是終點。

超越了所有的念，所有的願，只是存在於本如的狀態。

超宇宙體，也就是第六層體。——「竟心」。

第六層體的覺知，它跟宇宙體又全然的不同。因為在第五層體的時候，可以感受到非常、非常深的寧靜，然而當第六層體的覺知甦醒過來的時候，連那個寧靜，那個快樂喜悅感都不見了！好像所有的一切都不見了！所有的智慧也都不見了！連感知也是。

因為這種轉變跟注意力有關！

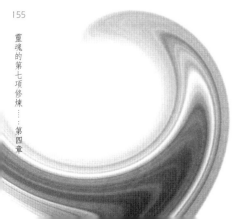

當你有感知、神通的覺知，是因為你把注意力放在那裡，所以可以擁有那些訊息。**當超宇宙體甦醒過來的時候，所有的注意力全部都在超宇宙的狀態，那個時候宇宙對你來講只是某種存在而已，這時根本就不會再對宇宙裡面的事物感到新奇。反而會開始對宇宙外的事物感到好奇**，可以了解這樣的意思嗎？很難想像一個第六層體覺知甦醒的人，一個只對宇宙外的事物感到好奇的人，他要如何繼續存活在這地球上呢？（大笑）

因為地球人關心的事物，地球人談論的內容，全部都跟物質世界息息相關，所以一個第六層體甦醒過來的人，會有一種很深遠的氣質，沒有「人」的味道。當第五層體甦醒時，人味就已經很淡了，到第六體會更沒有人的味道。平時，如果他不發出點聲音，我們會以為他好像不存在在這裡，因為他的注意力完全沒有放在這個地球裡。除非因為他的願力使然，想把他的愛擴展給其他的人，否則，很多已經來到「完全沒有任何概念」狀態的人像這樣一個存在體，像以前很多的瑜伽行者，都待在深山裡。因為已經超越了所有的作為而無所為了，超越了宇宙的存在時，這些人只願待在那個狀態，所以連那個「願」的念頭都沒有。當然也會有一些這個階段的行者會「刻意」的展現「不空」的狀態，比方說逛妓院、上舞廳、吃檳榔，外表就像濟公活佛一樣。

但是，這也還不是最究竟的！

修行而無行者，故稱無修，
擁有一切而實無所得，故稱無因。
於一切現象中，
明明朗朗，而無明暸者，
為究竟之竟心之道。

在第七層體甦醒之前，就算經驗到第六層體的清澈已是超越宇宙內的一切存在時，都還不算真正圓滿的覺醒狀態。

到第七層體，就是我們的自性體我們稱它本覺、本性、明覺、明空、神性…。當一個人自性體甦醒過來的時候，突然間你會活得非常的平常、平凡。突然間前面六個層體的領悟覺受和感知會完完全全的消失，可是你又知道所有的一切，「無所不知，但又無所知」，這種狀態好難用言語形容！就像是當你要用到感知的時候，你可以感知一切，當你要發起哪一個層面的覺知時，就可以覺知到那一面；可是當回到原本只是在自性的狀態時，就恢復成無所知，如《金剛經》說的，「應無所住」。

到這階段，「感知」的層次又更淺了，所以前面提過的五種神通，對於開悟的人而言，根本就是小兒科的一種超感官的感知系統而已。所以如果來到了「自性的覺知」完全升起時，就已經是完完全全的理解自己的狀態，這個狀態不是前面六層體的感知可以比擬和領受的，它不是你用語言可以明白的，它是真正超越所有的一種狀態，一種連源頭都沒有的源頭，會這樣說是因為它連源頭的概念都沒有！我們把這種圓滿的覺醒狀態稱作「佛」。

有趣的是對於光流瑜伽來說，就算一個人的覺知已經被喚醒到自性體了，已經超越了一切輪迴和涅槃的概念，但是在光流而言，這個境界也只是我們講的八界（八個層次）的狀態中的第三界㊟而已。他已經是一個佛了，但他是一個剛開始學習的佛，跟第四界或第五界的佛，還有一些不太一樣的狀態。如果以佛教的語言來說，第七層體（自性體）就像是「等覺」與「妙覺」的狀態，已經超過了第十地的菩薩了。到達這個狀態時，就已經完完全全地脫離輪迴，脫離這個宇宙的幻相了。當七層體都覺醒之後，才真正要踏入另外一個全新的開始。所以每一個階段都有每一個階段的開始，這是一種很深層的生命洞見，開悟根本是無始無終的，沒有起點也沒有終點，只是我們可以全然的安住在這種覺醒的狀態。

所以對於佛家來講，佛就是代表「悟」，佛就是代表一種非常深層第七層體覺醒的狀態，圓滿的覺醒狀態叫「圓覺」。至於「迷」指的是眾生，也就是七層體的覺知都沒有甦醒過來。覺知沒有甦醒，或是只覺醒

㊟一～八界，指意識進化的第一到第八層次。
約略而言，層次一指星光體（Astral-World）的世界；層次二指因果運作的世界；層次三指神聖真理的世界；層次四指永恆的「黑暗」之光的世界；層次五指佛化、完全純化的竟界；層次六指瑜伽佛的竟界；層次七指神性全然活化、性光湛然勃放的竟界；層次八指「大圓滿」之竟。（與以往密教所述之大圓滿不同）雖然這裡以文字說明一～八界的狀態，然而真正的狀態還須以正確之法，親自體驗進化的過程。

到某一層體，這個都可以稱作迷，也就是不了解所有一切現象的意思。迷是眾生，悟是佛，但是迷跟悟都是「心的作用」，「心的造作」。我們不看心的作用，只看心的本質，而心的本質又是無形無相，你是沒有辦法抓到的。它是空性也是空相，所以對於佛家來講，當一個佛真正來到第七體自性體的深層覺醒，圓滿的覺醒之後，這時他對於心，對於佛，對於眾生，全部都沒有差別相，全部都不再有分別或迷惑，對於一切的狀態，也不再會有任何的概念。七層體或是每一階段的菩薩，都有他的明，也都有他的無明，其實無明也可稱作迷，可是到了圓滿的覺醒，也就是第七體狀態的時候，就算「迷」再度出現，佛也可以安住在迷之中，深層覺照，因為這樣的深層觀照繼續看著這個迷，所以他既有迷也沒有迷，因為它在自性狀態中看著一切。這就是為什麼，當一個眾生從第七層體覺醒過來之後，他真正理解到是自己度自己的，這就是六祖說的「迷時師渡，悟時自渡」。

迷，當我們自己是迷，我們仍在無明狀態的時候，必須依靠一個老師，一位師父來引導我們，接引我們，可是當我們醒過來之後，我們知道這個「種子」，這股圓滿覺醒的力量，這份圓滿覺醒的能力，原本就存在於所有眾生的內在，這就是佛性，所以《法華經》說「一佛乘」㊟。《法華經》為何稱它為「經王」？因為不管小乘、大乘、金剛乘，全部都是一佛乘，不管是任何法門，任何經典，其實全部都指向一個源頭，就是一佛乘。在《法華經》裡面，它更是強調，「我們都是佛」，強調我們「只能」是佛。可是還是有許多人不明白，所以此話一出，當時便有五千人離席（大笑）。《法華經》闡述的，其實是釋迦牟尼佛一種很深的願力和愛，因為他把所有眾生都有的圓滿覺知力量喚醒，《法華經》不是只是經書而已，是釋迦牟尼佛在當時那種狀態中，所傳遞的每位眾生都擁有圓滿覺醒覺知的力量，這才是《法華經》真正要傳遞的真理！

所以，心、佛、眾生，三者無二無別，佛也用心，眾生也用心，「用」就是運用、作用。佛運用心的作用，創化一切，眾生也用心的作用，造

㊟「一佛乘」：源自於《法華經》方便品：「無有餘乘，唯一佛乘。」即指所有法門，其最終目的都是一樣的，都是引導人人見性成佛，「性」，指佛性、神性。所有的修持與鍛鍊，都是方便法，都是過程，而非究竟。

作一切。眾生愈用心的作用，就愈迷，而佛，沒有迷和悟的概念，運用一切只是為了引導眾生，為了用不同的方法接引眾生回到本覺，回到超越二元的狀態，回到七層體覺知覺醒的狀態。

事實上，禪說的也是同樣的事。禪，是一種深層的覺醒狀態，是一種很單純的心，最純淨的心。正如《金剛經》說的：「應無所住，心本自生」。應無所住，而生其心，生的是哪一顆心？那個心，就是第七體覺知的心！當你完全都不「住」於任何前六層體的覺知時，第七層體的覺知自現。當你完全不執著於前六層體的覺知和一切的感知、神通力的時候，所有的能量會再度充滿內在，這時第七層體的覺知就會甦醒過來！這就是「禪」，禪的意思是直接指向核心，指向現在的狀態，它直接喚起第七層體覺醒的力量，這是禪。

但是現在所謂的禪，已經跟以前的禪的力量不太一樣了。現在的禪回復到單純、簡單，反而是一種意識狀態，但這樣的意識狀態，並不是禪，它雖然回歸到第五層體的甦醒，但第五層體的甦醒還不是圓滿相，當然在第五層體以上已經沒有這些概念了，可是我們也明白第七層體的圓滿相，其實才是很深層的圓滿相。

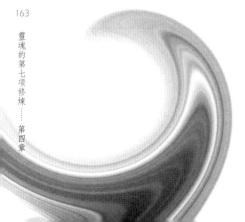

所以講到第七體甦醒的時候，對於一切都完全的明朗、明白了，就好像投影機，它投影出宇宙裡所有的力量及現象，宇宙裡面又生出許多的星系，最後生出地球，地球又投影出所有的眾生，眾生就是佛教指的十道，即「六道」，地獄、餓鬼、畜牲、人、修羅和天人，再加上「四乘」，聲聞、緣覺、菩薩、佛這十道。事實上對第七層體而言，會非常明白這所有的一切都是幻相，都是影子，我們想像本覺光明的力量就像一台投影機，而覺知、覺醒，就像是一股光明，然後投影出宇宙，投影出一切，投影出地球，投影出地球上的你，投影出地球六十三億人。六十三億是那麼多的人，但事實上，一個佛，一個第七層體覺知覺醒的人，他仍知道這一切都只是影子。但一般人未覺醒時會從影子當中「知道」很多東西，我們會從影子當中看見其他的影子，看見所有的眾生，看見所有的現象，我們從這影子當中，學習其他的影子，而自以為知道許多事物，其實我們什麼都不知道。我們在影子中創造更多影子，在影子中學影子，在影子中牽掛所有的幻相，還自以為了不起，自以為知道許多東西。而這些影子全部都是虛妄的！全部都是幻相！對一個第七層體覺醒的佛來說，他知道眾生都在無明裡面，都以為這些影子是真的，而又從這些影子裡面去追逐影子，追逐名權利，追逐食色慾。

你所追逐的這一切，全部都是影子，你所追求的知識與一切，全部都是從影子中生出來的！

「佛也，行住坐臥，吃飯睡覺！」

雖然如此，一個第七層體覺醒的佛，知道在這些影子當中，我們仍有圓滿覺醒的力量，他知道這些影子也都是佛的存在。佛知道，這一切蘊含的潛力。佛也知道，這一切創化的虛幻，及這一切如夢幻泡影的影子。

所以若佛為真，這些影子為虛幻的話，他們之間存在著密不可分的關係。因為佛的智慧，可以清晰的為了渡化眾生的「因」，而創化出一切幻相的「果」來。佛的莊嚴以及外在一切顯現的創化之後，眾生執著的都是像這樣的幻相，但只要眾生想要學到一些東西，想要得到一些智慧，想要像佛一樣的覺醒過來，佛就是會創造出幻相，影子，「法門」吸引他們來借假修真，雖然是「他以為的覺醒」，「他以為的覺知」，可是當我們慢慢的開展覺知，一個一個甦醒的時候，就會終於圓圓滿滿的了解自己就是佛！這就是《金剛經》裡說的：「凡所有相，皆是虛妄，若見諸相非相，即見如來！」註

超越所有的概念，超越所有的影子，超越所有的去和來，沒有二元的概念，沒有「能」和「所」的概念，甚至瞭解到沒有光，何來影呢？如果沒有本覺的光明產生投影的現象，這些影子怎麼會出現呢？所以，影子的本質就是光明！所以在上一章節我們說，無明的本質其實是非常好的，利益生命的，它是要讓我們明白一切真實現象，於是才有無明的存

註《小品般若波羅蜜經》：善男子！如來說一切法皆虛妄如夢，若不知諸法虛妄如夢，是人但以色身名字語言章句而生貪著，如是人等分別諸佛而有來去，不知諸法相故。若人於佛分別來去，當知是人凡夫無智，數受生死往來六道，離般若波羅蜜，離於佛法。善男子！若能如實知佛所說，一切諸法虛妄如夢，是人於法則不分別若來若去、若生若滅。若不分別，是人則以諸法實相而觀如來。若以法相知如來者，是人則不分別如來若來若去。若能如是知諸法相，是人則行般若波羅蜜，近阿耨多羅三藐三菩提。是名真佛弟子，不虛受人信施，是為世間福田。

在。無明有很強的創造動能，也就是說這些影子的來源都是從本覺的光明流洩出來的啊！

這樣了解祈禱文㊟所說的嗎？「永從您的光明而流出的真理」，意思就是從本覺的光明所流洩出來的一切，創造出來的一切！覺知不是靠任何事物升起的，是我們本來就有圓滿、覺知，覺醒的能力，它只是需要被喚醒，當它被喚醒了，它知道這一切都是覺知的光明投影而生的時候，它真正大自在了！它任運自如起來了，玩起來了！而眾生、影子，和所有這些影子的作用，跟光明本身也都是無法分開的啊！這就是為什麼說，心、佛、眾生，三者無二無別。

所以感知是影子，知識是影子，直覺是影子，神通是影子，除非最後，自性的覺知升起，覺醒過來的時候，那才是「漏盡通、漏盡智」的智慧，其餘一切的一切，全部都是影子。所以禪宗才說：「見佛殺佛」，因為不管是哪一層體的覺知升起時，都要把它「幹掉」！也就是要把那一層體的覺知也放下的意思。

㊟意指「光流祈禱文」。

【光流祈禱文】

皈敬　至高無上萬能的大慈悲愛力

皈敬　永從您的光明而流出的真理

皈敬　一切過去、現在、未來都依循真理而行的覺者

由於我們的佛性與神性一直都沒有離開過您

祈禱您

請將您最偉大的愛力，最無畏的、最勇猛的，與最無邊際的智慧，

透過我們的佛性與神性，

如此自然的流洩出來

願您讓我們的光與愛

一直不斷的擴展

直到像您一樣，

並透過您每天都加持這個世界，

好讓這個世界每天都不斷的增加：

而佛是無形無相的，佛是一種圓滿覺知、覺醒的狀態，所以它不是一個形象，它沒有任何形象，超越任何語言。是你的自性體，覺醒過來，超越二元對待的一種狀態。它自然的超越一切，可是又同時在這一切當中。現在有許多法門是從「影子」當中變化而來二元對待的法門，甚至很多法門的主張，其實是從影子裡又生出許多的影子出來，卻以為自己發現了什麼偉大的真理。

所有在這個地球上的先知和聖人們，全部都是指向同一個源頭，不管是埃及的太陽神（其實太陽的比喻就是本覺的光明），或是印度教裡最偉大的神或是佛教講的佛性、本覺，基督教說的基督、天國，也是指本覺的光明，還有回教所講的阿拉真主…，全部都是一樣的！只是，如果不明白真正的道理，就會執著這些影子，以為這些聖人知道或看見什麼偉大的東西。事實上全是執著全是幻相，唯有你的自性體覺知完全整個升起的時候，突然間！看一下…，那個無明還在不在?突然間，那個無明對你來說，變成是一股最大的創造能量！這時候，你好像來到「十牛

正直、愛力、智慧，與和平
的能量
更祈請您讓這個世界的靈魂
不斷的覺醒
並加入加持這個世界的行列
直到這個世界完全成為愛的
天堂
永遠、永遠
感恩聖愛！

圖」㊟的情景，而最後的那張圖，「入廛垂手」就是再度走入人間，因為無明跟明已經分不開，完全合一了。合一的狀態是你既在影子之中，但已了解影子跟本覺無二無別。你了解心、佛、眾生，無二無別的狀態時，是大自在啊！這才是真正的智慧。我們常以為在這個人世間裡，有某種獨特的寶物，獨特的見解，獨特的直覺，這些才是智慧，錯！真正的智慧是從第七層體覺知的覺醒開始，這才是真智慧，其餘的智慧跟第七層體覺知升起的狀態相比，就像前面的比喻一樣，如果把第五層體比喻成太陽，而前面四層體是其他的光，那麼第七層體就是N個太陽，千百億萬個太陽。所以真正的智慧是從第七層體的覺知甦醒之後開始。

這種天然、本然、原本的狀態，就在我們裡面，在如此深層的狀態之下醒過來的時候，智慧它就自己呈現了，根本不需要用力，愈用力反而就愈無法呈現！

所以當我們的覺知還沒有升起的時候，確實需要一個人來喚醒我們的覺知。

㊟禪宗「十牛圖」訴說著意識進化的十個階段，十個過程。

各圖都以牛為喻，這十圖的名稱依次為：尋牛、見跡、見牛、得牛、牧牛、騎牛歸家、忘牛存人、人牛俱忘、返本還源、入廛垂手。

十牛圖的思想基礎，源自《六祖壇經》的見性法門。這是印度大乘佛教真常唯心思想的推演。這種思想，強調每一位眾生的本性（或佛性、自性、如來藏心）是真常清淨，具足無量功德屬性的。由於無始以來，眾生耽於迷執，忘失本性，終致不認得「自己」。因此，修行者最重要的目標，就是去發現這原本具足的「本性」。徹底證得自性之本來具足，便是開悟，便是成佛。其所具足的無量功德，也自然會開顯。這也就是禪宗所常標榜的「見性成佛」。

這十段歷程，可用下列四大階段加以說明。

一、起步摸索：這個階段包含修行者對開悟境界（見性）的嚮往與尋求（尋牛）修行若干時日後，所獲得的某些不甚明確的見性體驗我們需要一個橋樑、一股力量、一個能量場，來彼此共振醒覺知。所以覺醒到什麼層次的人來喚醒你的覺知，那麼你就只能夠被喚醒到那個層次，了解這其中的道理嗎？假設說，你遇到一個第四層體覺知甦醒的師父，那麼你將來肯定可以擁有操縱精靈的力量，因為這正是在這個層次能發揮的，但是你也只能夠到這個層次，因為幫助你甦醒的師父只證悟到這個層次。

覺知的甦醒不是用語言，不是靠教學方法。覺知是靠一個本來就在醒的狀態的「那個人」每天跟他相處，每個月跟他相處，常年跟他相處，於是自然而然的就會喚起那個力量，這是無法用語言來進行的。

所以，剛開始的時候你需要一個人，需要一盞明燈，一股力量，來告訴你真相，並與你共振，幫你開啟自行領悟的這道門。因為他明白這無二

（見跡），以及終於有悟境產生（見牛），然而卻仍無法清晰、全面地把握。

二、證悟、見性：這一階段包含得牛、牧牛、騎牛歸家三圖。「得牛」是指清晰、全面地見到本性。但是由於長久以來染污習氣的牽引，因此，這一境界還是有退轉的可能。於是，在證悟之後努力地維持、調御（牧牛），久而久之，這條心性之牛，自能馴服，而讓你安穩地「騎牛歸家」。

三、功夫純熟：這是悟境更加穩固，功夫愈趨精淳的階段。本性的證悟境界完全穩定，「人」與「牛」合而為一，心目中不再有牛存在（忘牛存人），進而連覓牛的自我意識也一併不存在（人牛俱忘），最終回到法性的本來面目（返本還源）。本地風光，自然朗現，山還是山，水還是水。

四、渡化眾生：最終，證悟者不應只在山林中自我滿足，應該到人間垂手渡眾（入廛垂手），將所證悟之一切，迴向於世間眾生有情。

無別的實相，所以他會讓你知道，他雖然與你共振，但事實上你根本不需要任何人、事、物來甦醒，因為他要讓你明白，你的內在是充滿力量的，是可以圓滿甦醒過來的！那個力量早就在你裡面，他要你自己去發現。透過佛善巧方便的愛力使然，他要眾生知道的確需要這種光光相映的過程，但對他而言，光光相映而無所映，他沒有什麼傳心、傳法的概念，他沒有是誰喚醒誰的概念，他只是單純地存在與相伴，然後準備好的人，自然就會甦醒到本覺，自然就會甦醒到自性體，自然就會甦醒到第七層體。如果有一個人，根本還迷惑在影子當中，而他卻告訴你不需要任何人幫助就能開悟的話，那麼，你也會跟他的境界一樣，只會執著在這些影子當中，迷惑在以為自己已經醒過來的假相裡面，會創造出更多的假相而作繭自縛。

當一個人在幻相中的時候，是沒有辦法明瞭所有的一切的，因為身處在自己的幻相裡面，又創造了N個幻相，為的是要讓自己覺得安好。而愚蠢的人，會執取這些幻影而自豪，但是這些幻影、幻相，總有一天會消

逝。一旦無常的風吹起，幻影消逝的時候，愚者就會心生苦起而終無出期。

所以一個真正自性體覺知覺醒的人，他根本不會在乎一切，根本就沒有佛和眾生的概念，他會活得比一般人更平常，你根本看不出他開悟不開悟的狀態，因為他連開悟的概念都沒有，他只是「醒著」，他只是如實的存在著，他就只是在那樣的狀態裡。

這一切好難用語言形容，因為除非你內在的覺知覺醒過來，才有辦法體會到！當你的覺知還沒醒來的時候，根本是無法想像的！一個七層體覺知都已經完全覺醒的老師，他就可以幫助你開啟一層又一層的覺知，對這樣的老師而言，對這樣的明師而言，就無所謂「法」了，因為所有的法都是明覺，瞭解嗎？沒有影子了，沒有明覺了，沒有本覺了，反而這樣才可以活用一切。對這樣一位明師而言，任何事都是法，任何一草一木都是法，任何咒都是法，任何音聲都是法，所有的七層體都是法，他能夠在你任何的感知，任何的執著動念，任何的迷惑，任何的無明升起時，讓你照見真理！讓你照見真相，讓你明，讓你甦醒過來，這所有的過程，就是生命，它才是真實生命的旅程。

當你所有層體的覺知都甦醒過來的時候，反觀這一路上的經歷，都是眼淚，都是感動，都是撞擊，都是…美。

這一切的一切，

本覺，

影子，

幻相，

智慧，

感知，

所有的意識，

所有的無明，

都是．覺．知……

愛力加油站

跳入未知，超越關係，擁抱無明，這些話大家都會講。活在當下，不思善不思惡，色即是空空即是色，大家也都會說。但到底在廿一世紀，我們有哪些力量可以幫助自己？

是什麼區分了開悟者與平常人的心？

是什麼關鍵才可以打開我們的心靈意識，讓我們找回內在最深的愛力與智慧？

是什麼能開啓內在的佛性與神性？

那就是，覺知！

許多人都說我們「本來就是」（那個完整的）。許多團體都在講，我們內在本自具足，無二無別。許多人都在用「秘密」與「吸引力法則」。到底是什麼因素，讓某些人的人生過得越來越好，某些人卻過得不甚如意？

答案也是，覺知。

廿一世紀，我們終於了解，覺知有它的層次與路徑；廿一世紀，我們終於了解，如何真正擁抱無明而活在當下。好好品味，好好練習，你將找到自己內在的上師！

◆推薦書目：

《關於靈魂的21個秘密》/人本自然
《個人覺醒的力量》/人本自然
《你必須無知》/天下遠見
《靈界大覺悟》/遠流
《榮格與密宗的29個覺》/人本自然
《當下的力量》/橡實文化

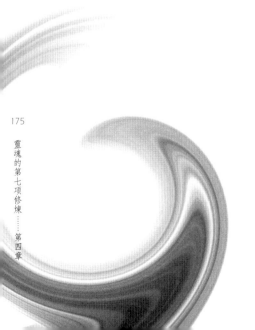

第五章

【站上本然的位置——重返榮耀】

第五章

【站上本然的位置—重返榮耀】

青牛者，犀牛也。

傳說老子騎青牛過函谷關青羊肆（今青羊宮），被關令尹喜求留；尹喜曰：「子將隱矣，將為我著書。」

於是老子留下五千言《道德經》後，倒騎青牛而去。

覺者，是無聲無息的終極平凡。

老子騎青牛往西走，走到函谷關，並未打算留下一字一語，就要這麼離開。

函谷關的關令尹喜在前一天，預見有紫色之氣自東方來，已知將有真人來。當見到老子時，心中想道，如果此真人沒有留下一字一語就這樣走了，那豈不是太可惜了嗎？於是就把老子強留下來，並且請他，一定要把真理的體悟講出來。

因為這樣的邀請，老子留下了五千個字的《道德經》。

但最有趣的是，老子倒騎青牛而去！為何要「倒騎青牛」呢？

世人顛倒，留下《道德經》，也是多餘。世人看經，不看本覺，於是，老子用倒騎青牛，嘲諷世人與自己的愚昧，一切原本多餘！

唉……！（長歎）

到了這最後一個章節，真是說什麼都是多餘的啊……！

自古以來所有開悟的人，他們所說的東西，其實都是多餘的。老子《道德經》第一句話就是：「道可道，非常道；名可名，非常名。」

這樣不是已經都講完了嗎？

為了要讓後世的佛，知道自己是佛，於是有些文字被留下來。文字只是外相，真正傳遞的是文字背後的「愛」，還有文字裡面所涵藏的「究竟的振動」，那樣的振動，足以喚醒將來千千萬萬個佛，因為它而了解自己——原本就是佛。

在這個章節裡面，我們來分享「極竟」真正的含意，極竟，終極之竟。

釋迦摩尼佛花了四十幾年的時間，在告訴我們「大家都是佛」。老子，以及很多開悟的人也都同樣說著，「我們原本就是道」，「我們從沒有離開過道，從來沒有離開過本覺」…等。雖然很多人都在用相同的語言，可是，內在覺醒的程度卻很不一樣。

在這個大宇宙裡面，本來就是一場遊戲一場夢，修行也是，人生也是。我們在夢裡面創化了很多的東西，我們可以用宇宙的動能創造一切，可是我們卻忘記了，很難再憶起「自己是佛」。當回憶回來的時候，你才會發現，原來我們真的沒有離開過本覺。

可是這需要花很長的時間，在時空裡面一直不斷的去「旅行」，然後在生生世世的「旅行」裡面去經歷很多事，去經歷很多夢，突然有一天，從這些夢裡面清醒過來。而為了讓這些靈魂可以很快的覺醒，故每個時代都有許多佛、菩薩、天使、聖者來。

每一個佛來，都會創造符合當時的時代法。

發明一些「法」，一些可以「認識自己」的方法。這些方法不是拿來執著的，這些方法是讓我們往「內」，讓我們回憶起我們生生世世的「夢」，回憶起我們從來都沒有離開過本覺。雖然所有開悟的明師都說不要執著，可是到後來，他的門徒、學生，都仍然執著，執著在「法」，卻忘了本體。

所有的法，只是階梯、樓梯而已。

在前面的章節提到過，眾生都活在自己的夢裡面，且看不清楚自己正在夢裡面，所以佛會發明「時代法」，來幫眾生把夢敲碎，幫助他們自己覺醒，讓覺知擴展。所以「法」就好像是一個「樓梯」，透過樓梯可以協助你到達目的地，創造樓梯是為了讓你從夢裡面爬出來，不是來讓你執著的。所有的法都一樣，所有的宗教都一樣，都是為了讓你進入那個最純淨的天堂，但那個天堂是從來不曾離開過我們啊！

所以覺悟了的人，其實是一種無聲無息的終極平凡。

他根本不想講任何話，

他根本不想做任何事，
因為一切早已經完成了！
一切早在宇宙被創造的一百三十八億年前，
那個大爆炸的剎那，
不到一秒鐘的時間裡，
所有的事情已經被完成了。

我明白只透過文字可能很難體會這個意思，但這現象是真實不虛的。不是我們要來「修」什麼，修行都是騙人的幌子！工作、提升，都是騙人的幌子！在這個宇宙裡面，它早已圓滿！我們的內在早已圓滿！就算是每個眾生都在自己的夢裡面，它也是圓滿！「無明就是清淨相」！

揭諦，揭諦，波羅揭諦，波羅僧揭諦，菩提薩婆訶。

本覺造化一切，創化一切，本覺的體和用，會在這個時代裡面同時展現，每一個人都會學會如何發揮本覺的力量，就算沒有刻意學習，在行、住、坐、臥當中，在工作、在做任何事時，其實都是在展現。

差別只是在展現的時候，

你是帶著覺知的，還是沒有覺知的；

是被潛意識的夢拖著走，還是你正在造夢；

或者你既在這個造化裡面，也同時在這個造化外面；

你是迷，還是悟？

「光流」，就是本覺之光，流化萬千。

重返本覺之光，你自然流化萬千！因為會流化出所有的創造，所有的法，所有的榮耀，所有的愛！

因為要回返本覺之光，因此你要皈敬「真主」，真正的「主」。

所有的宗教都說自己的主是真正的主，其實不是！

所有開悟的明師都說著同樣的真理，都同樣的指向那最終極的境界，只是使用的語言不一樣，但是人類就把它搞得很混亂，因為人類想掌控，人類都把自己的慾望加進這些明師們所帶來的「法」裡面，這些「樓梯」裡面，然後把自己眼中的樓梯，裝飾成最美的樓梯，還把它當作是這個宇宙裡最偉大的樓梯，真的是太可笑了！任何人只要把他的注意力放在樓梯，忘記他的本覺，忘記他的真「主」，那麼…，已經錯過一切了！

所以為了融入本覺之光，我們說「皈敬，至高無上萬能的大慈悲愛力」㊟，因為本覺就是大慈悲愛力。老子也在《道德經》裡面說道：「我有三寶」㊟，第一個寶就是慈悲。

其實每一個宗教講的都相同，愛力是最純淨的清淨展現，如果沒有跟愛力對焦，融入愛力，展現愛力，那麼就不可能開展出所有的覺知，沒有開展出深度的覺知，就沒有辦法開展出圓滿的智慧，所以必須讓自己先發起一個很深的「願」！就是從內在升起一種最單純的「皈敬」，「皈

㊟「光流祈禱文」首句。

㊟老子《道德經》下篇德經・卷七・第六十七章「三寶」：

天下皆謂我道大，似不肖。夫唯大，故似不肖。若肖，久矣其細也夫！

我有三寶，持而保之：一曰慈；二曰儉；三曰不敢為天下先。

慈，故能勇；儉，故能廣；不敢為天下先，故能成器長。

今舍其慈，且勇；舍其儉，且廣；舍其後，且先，死矣。

夫慈，以戰則勝，以守則固。天將救之，以慈衛之。

敬」就是你願意把你的生命，完完全全的「跳」進大慈悲愛力，跳進那個巨大的未知，跳進那個偉大的「自己」，就是真我，真「主」。

但是，人們都只是這樣說，都沒有辦法這樣做。

耶穌在世的時候，花了幾乎一輩子的時間在修行，可是他只用三年的時間傳遞真理，就被一群愚蠢的人釘死。當他告訴大家，皈敬「愛」，他要門徒把生命交給他的時候，其實是說請跳進「愛」，跳進那純然的「未知」。

我們的小我，很像方糖，方方正正的結晶，每一個人都有自己的概念、框架、想法。但是若你願意將你的方糖融入大海，大海不會因此而變甜，但因為融入海中，最後方糖不見了！這時候你卻變成了大海，才真真正正的理解自己原來是大海！

所以真正的法都不是法，真正的法是要你跳進大海，跳進那個未知，跳進那個覺知，跳進那個愛，它只是樓梯，讓我們爬出夢，然後你必須做一個決定——跳進去！你不跳進去就不知道接下來會發生什麼事。所有的明師，所有的師父，開悟的人來到地球，都是為了要與眾生培養「默契」，最後當他說：跳！大家於是就跟著跳！

可是，還有很多人不敢跳！

執著在「法」的，都是笨蛋！

耶穌花了三年的時間在教育他的門徒，跳進大慈悲愛力裡面吧，不要有小我的存在，不要再有上和下、左和右、男人和女人的分別，全然融入大慈悲愛力裡面分別心就沒有了！跳進那個愛裡面吧！

可是當他被釘死的時候，有誰敢站出來承認自己是耶穌的門徒？那時候，嚇都嚇死了。如果有看過「馬利亞福音」的描述，就知道在當時，當門徒們確認師父真的死了的時候，所有的門徒都非常害怕，哪裡還談什麼傳上帝的意旨到各處。「馬利亞福音」就有這麼一段記載，就是馬利亞在大家驚慌忙亂的時候站出來，請所有的門徒別忘了大慈悲愛力，

請記得那個愛，記得師父的愛，記得此生的使命，去傳愛！這些都是空性，不需要執著、罣礙，就去傳愛吧！㊟

唉！（長歎）

人類很愚蠢！

真正要回歸的那個「本體」，是非常非常單純的，可是人類把各種東西弄得很複雜。真正要回到那最純淨的終極之竟，是非常容易的，我們卻偏偏要把它弄得很困難！

可是當我們跟很複雜的頭腦說：我們有一種很簡單方法，只要跳進大慈悲愛力裡面，不要有自己。這時，它馬上開始創造更多的複雜，更多的問題，更多的疑惑，不但疑惑自己，疑惑別人，還疑惑整個世界。所以這是一個很可笑的遊戲，人類不管到哪裡，只會把那裡的問題變得更複雜！甚至還覺得「自己」，比「真我」，比大慈悲愛力還要偉大！

事實上，當我們陷入小我的框架，遺忘了我們的本覺，一切都將開始顛倒。

㊟《抹大拉馬利亞福音》(*Gospel of Mary Magdalene*)

【抹大拉馬利亞福音・教權何去】

門徒頓然在傷感之中，淚容滿面地說：「我們該如何往不信者當中傳揚人子之國度的福音呢？他們既沒有放過祂，又怎會放過我們呢？」

此時抹大拉瑪利亞站起來，安撫眾人，並對她的弟兄說：「別沉溺在傷感和疑惑中了，祂的恩典必引領和保護你們。讓我們頌揚祂的偉大吧！祂已為我們準備好，使我們成為那完美人。」

抹大拉瑪利亞使他們的心情轉陰為晴，接著他們開始討論老師話語之意。

就像現在開始講解「本覺之光」，「流化萬千的法」，「一佛乘」，「這個世界其實真正的真理只有一佛乘」時，就會出現如釋迦摩尼佛當時宣講《法華經》，所遇到的狀況。當他強調所有的法都指向同一個方向，所有的經文，不論分成多少個法門，所有的宗教都指向同一個方向。當他講解《法華經》的時候，他說在座有很多人沒有辦法了解居然還有這麼高深的法，他甚至不知道怎麼述說才能使大家明白，這時上帝慈悲，這五千人就自個兒離席了！

當真的要講進「本覺」的時候，除非你的覺知擴展到非常寬廣純淨的層次，否則沒有辦法覺知到這樣的「振動」。傳遞，其實是傳遞那個振動！而不是在文字本身，連那個振動也是空性，都不能執著了，那更何況……！

所有的法門宗教都指向同一個地方。

那意思就是，除了佛、基督之外，我們不可能成為別的東西，別的狀態。就好像你種玉米，不可能長出花菜，因為我們內在就只有佛性和神性的種子。只可惜，在這個宇宙裡面，我們沒有去聆聽到真正的無聲之聲，無音之音，無光之光。我們渴望看見很多，渴望聽見很多，渴望知道很多，但是這些「知道」，都沒有辦法跟內在那種超越語言的境界相比擬，你知道越多，錯過越多，因為知道越多，念頭就越多，就越沒有辦法讓自己安住在渾沌的「無知」裡面，沒有辦法接納自己的「沒有作用」，沒有辦法接納自己的無知，沒辦法接納自己的黑暗，於是你內在的蓮花就沒有辦法開！

事實上大家都專注在《法華經》的經文上面，讚嘆《法華經》的功德，甚至把裡面的經文拿出來唸誦，就因為《法華經》說，「所有的眾生在這一世都有成佛的能力」。但是，如此一來，在這些外相的作為下，已經錯過釋迦摩尼佛的真理了。

《法華經》，是釋迦摩尼佛最後留下的真實的話——「所有的法都是多餘」！

我們的智慧、佛性，從地湧出，每一個眾生都是圓滿，每一個眾生都是佛！當我們的覺知擴展到一個程度的時候，我們內在清澈的程度，無法用頭腦想像。這時不論看什麼都很清晰、很清楚。當我們的覺知擴展到本覺之光，回到本覺原本的清澈光明狀態時，會發現我們身上有六十兆個細胞，每一個細胞裡面有粒腺體，六十兆細胞裡就有無數個粒腺體，無數個粒腺體裡面，有無量個原子、分子、電子，於是有無盡的光子，然後又經歷無盡的創化，創化之中，又展演出無盡遊戲的戲碼，也就等於說，在我們的身體裡面，每一個細胞都是淨土，每一個細胞都是圓滿，每一個光子都是本覺的化身，光芒的化身，每一個光子都是大慈悲愛力的化現示現，每一個粒子都是佛！你會發現當進入到非常深的寧靜的本覺時，這個報身㊟，這個由地、水、火、風所聚合出來的個體中，每一個細胞，每一個光子，都是圓滿的多寶佛塔，光在我們每一個人的身體裡面，就已經充滿著多重的多寶佛塔，你可以想像嗎？我們身上的每一個光子，千百萬億、無數億個光子，都是佛。光光相耀，展大法音。

㊟「報身」：大乘佛教中，將佛身分為三種。據《十地經論》等所說，三身為法身、報身、應身。這裡所提的報身，可說是因緣和合後所得之身，又有受用身、食身、應身、第二身之稱。

我們自己的這個身體，就是多重多寶佛塔！不在內，不在外，所有的光子全部都是從地湧出的大菩薩，佛！

這一點都不稀奇，因為我們本來就是這樣。不是發現的人就以為有多了不起，以為發現了什麼寶藏，還是發現了多了不起的真理，都不是！其實這些都非常平凡的隱沒在空相空性裡面，每一個人都是這樣的。當你「看見」自己就是多重、多寶佛塔時，那時候你的雙眼也會看到宇宙整體是怎麼組合成大地，組合成地球，組合成這個宇宙的原子、分子、電子，每一個光子裡面又有千百萬億個光子，每一個光子也都是佛！你會看到，我們多寶佛塔裡面的光子都融入整片的大光海裡面，每一個光子都是圓滿相！

這個時候你會發現，還需佛成嗎？我們本來就是佛了！所有的光子都是佛，光子組合起來的都是圓滿的報身相，都是佛相，都是清淨的光明相。在這樣的法華三昧㊟裡面，這個是真正《法華經》所講的。人卻都不懂，都只會專注在這些外表的《法華經》裡面，真是可惜！當你看到整個宇宙，它就是多重多寶佛塔，當它完全融進了整個愛力大海裡的時

㊟三諦圓融的妙理現前，障中道的無明止息，攝一切法使歸實相，名「法華三昧」。

候，你也消融了，然後直到這一切隱沒在平凡的極竟、無聲無息的沉靜之中，這時你會發現，這真的好美，本來就好美，一切都好美，最後甚至連這個「美」都不見了！就只是在那個狀態。

所以來到這樣的狀態時，就會覺得一切的法，都很可笑！在這樣清靜的、寧靜的、無聲無息的層次裡面，卻演化出種種無盡的創化，其實本覺與創化是離不開的，我們的體和用，本來就沒有分開過，為了講給頭腦聽，我們才假藉「本體」，假藉「用」。事實上所有的光子都遊戲在萬有之間，可是，我們卻看不見它的終極。因為光子在遊戲的時候沒有概念，它不像我們的頭腦有概念，有對錯，有好壞，有高低，有慾望，對於光子來說，它只是創化！它是一種無相、無分別的大平等狀態。既在創化中，也在本覺中，根本沒有離開過本覺。

光流，就是一條讓你能完全的進入本覺之光的樓梯，讓你在這一世，流化萬千，卻又明白這一切的流化沒有終極，都是一場夢。不會流化出來後還執著它。就像你在看皮影戲的時候，你創化出很多的影子之後，不會還執著影子吧？執著影子是笨蛋（大笑）！

站在本然的位置，榮耀自顯！

當進入到內在的狀態時，開展覺知，自然就站在本然的位置，自然就會站在你應該站的位置，因為所有的原子、分子、電子、光子，本來就有它的位置。在這個宇宙中，每一個光子都有它的位置，更何況是人！只是我們都站錯位置。在非常的寧靜、寂靜之中，非常平凡的創化一切的時候，我們可以真正看見多寶佛塔的清淨展現，這時已經超越語言的讚嘆，這時你會看到每一個人每一個光子，都站在它原本的位置，這是真正的大圓滿！

我們早就站在我們原本的位置，只是我們不知道。

我們早就在展現我們本覺的狀態，只是我們不知道。

當你完全跳進未知，跳進大慈悲愛力裡面，當你完全把小我消融，本覺之光，就會從裡面升起。自然內在的多寶佛塔，所有的光子都會變成佛，那麼，你可知道自己全身上下會有多少佛嗎？

所以，所有的佛都是講一樣的，是我們的頭腦太笨，執著在這些表面的名稱，這些名相，這些樣貌。

自古以來的譚崔（Tantra），就是在講「本覺的無上延續性」。為什麼要在延續性前面加上一個「無上」？真是無聊（笑！）

它是為了要強調，其實我們沒有離開過本覺。它就是要告訴我們，如何再進入到那個無上連續性的「流」裡面，發現自己的「無上連續性」，事實上，本覺早已連續從未間斷。連講這些也是多餘的！

所以真正的譚崔是單純到你沒有辦法想像，當你進到內在的境界，會空無到你沒有辦法想像，當你看到佛的法身、佛的化身、佛的報身，當你看到內在真正的天堂——神性，當你看見上帝，你就會明白，和上帝無二無別的那個狀態。你會進入到真正的「無知」裡，這時候會有一種

「愚者的純覺」，自己會完完全全變成「無知」。「無知」，又無所不知——純淨的覺識，沒有小我的任何雜質概念的一種狀態。你只會安住在無聲無息的終極平凡裡面。

總之，我們就是要來創化無盡的遊戲，可是我們又不會被自己的遊戲所騙，不會被宇宙的這些遊戲所愚弄，因為原本就是圓滿相。佛教說妙觀察智、平等性智、大圓鏡智、成所作智、法界體性智，其實都是在講相同的東西，只是把它分成這樣才能讓你很容易藉由「轉識成智」的樓梯，發現融入並重返榮耀！重返自己的本覺！

這些都不是用講的用聽的，它必須要「往內」，所有的答案都在我們的內在，我們本來就「本自具足」，一切圓成，真正的法界早已圓滿，我們其實不用做任何事。就算我們今生在光流，幫光流做事情，到處去傳愛⋯等，其實我們也不會有傳愛的相，因為我們知道這一切早就已經是了，如果誰執著光流，誰執著傳愛，誰執著這個「樓梯」，那他一定不清楚光流一直在說的真理。

誰執著任何一個祖師、任何一個明師所開示的法、《聖經》、《道德經》、佛經，不論哪一個經，執著在這些「經」裡面，都會招致更深的迷惑！

現在，重返「光流」——本覺之光，你的時間已到！

你必須做一個決定，必須為自己做一個很深的決定，你可以站在此生你的靈魂要你站的位置！

因為你可以在黑暗裡，開出最燦爛、最閃亮的花朵。其實黑暗就是真正的大圓滿相，這是最深的無明的時刻，卻也是榮耀最彰顯的時刻，你可以為自己做一個決定，跳進自己的內在，溶入沒有辦法想像的力量（大慈悲愛力）。只有自己往內跳，你才有辦法見證上帝真愛的奇蹟，才有辦法真正榮耀自己的靈魂；當站上生命的至高之處，你才會清楚此生靈魂的目的；當你站上你的位置，你世界才會因此一切就序，你的家人、工作，一切自動各就其位，而這是你無法想像的大力量所推動的結果。可是人都會有「失憶」的狀況，會偏離靈魂此生的主題，會「忘記」我們此生該站的位置，以致於生命一切脫序，而產生一連串的連鎖反應

——失敗、生病、挫折、突發的或讓你無法接受的事件……等。這些事件都是訊息，背後都有著很大的愛，只是你無法領會這些高等訊息而一直站錯位置。所以從大慈悲愛力中示現很多的「師父」來到人間。這些師父可不是為了「作師父」而來的，這些師父只是為了來講清楚，讓你再度憶起自己是誰，讓你有勇氣站到你的靈魂要你站的位置，訓練你讓你有智慧的超越所有阻礙與挑戰，讓你直接進入生命的核心，看見生命本體的壯麗，真正地榮耀自己及所有一切的靈魂。

「真正的真理，沒有辦法用語言說」，「法是假象」，「法性是空性」，為了講清楚我們要如何藉由這個肉體，藉由光與愛，來重返本覺，自顯榮耀！

所以當你完完全全的融入大慈悲愛力裡面，會從裡面照見很深的「無概念」，沒有宗教，沒有人類的概念，沒有地球，也沒有宇宙的概念，所有的一切都可以被呈現，不管現在這個世界有多少的問題，其實這些問題都會因為我們重返光與愛而消融；當我們的力量，我們的覺知，我們的愛力，從內在自然生起，那許多外在的問題，全部都會被我們內在生出的智慧解決。

所有的問題都是為了讓我們回憶起自己是佛，都是為了讓我們發揮更多的創造力量，都是為了讓我們重返內在的榮耀！

所以不要只看到問題本身，「問題的本身都不是問題」，這句話的意思是不要用「問題相」來看待問題。用問題相來看問題，只會衍生出更多的問題。用內在的清淨、沉靜、極竟、平凡、智慧與愛的狀態，「笨笨」的看待時，你將衍生出更多的創意來超越問題！

可是這背後所隱藏的智慧，好難用這些表面的文字、語言來描述，除非你親自在內在品嚐到這種無聲無息的終極平凡。

所有品嚐到這樣滋味的佛，如釋迦摩尼佛在菩提樹下四十九天之後，他的第一個反應是大家都是佛，哪還需要講些什麼，沒有什麼需要說的了，還是進入涅槃吧！

所有只要進入這樣狀態的人都知道法華三昧。那個時候會回歸到一種很平凡的狀態，這種平凡之中的終極平凡，我想只有自己往內才有辦法體會！

希望我們這一世來到地球，就是為了來共同創造而又不執著在這些造化上，又可以了解一切眾生原本的圓滿相。願所有的佛，進入內在的終極究竟裡面，瞭解到我隱藏在這些語言背後的真實狀態。而隱藏在語言背後的這個真實狀態，早就在那裡，等「你」！

愛力加油站

美國太空總署的網站，有一張宇宙形成的示意圖。讓我們看到，宇宙是從初形成的那個光點衍生擴展成為現在的宇宙。我們都來自相同的源頭；所有萬事萬物的起點，都是從「光」中而來，都只是「光」用不同的方式幻化與顯現。我們討厭的人，我們所愛的人，都是從光中而來；我們渴求的一切，我們排斥的一切，也是從光中而來！

那，我們還有什麼好追逐呢？我們追尋生命中的光影，其實最終的目的都只是想找回自己，以及內在那個最無法言喻的。有人說是光，有人說是愛。最後我們才發現自己像是追逐自己尾巴的小狗，只要停下來，我們就可以找回自己！

讓我們一起提昇自己，從可看見的「可見光」，逐漸提升到可感受的「不可見光」，甚至到「宇宙光」、「超宇宙光」，最後回到內在最深的「無光之光」。

這一切，你只能親自去體會；這一切，你只能親自去追尋；這一切，都在等你親自來證實——生命，本自俱足，一切皆是圓滿相！

◆推薦書目：

《千福年天書》／遠流

《狂喜之後》／橡樹林

《存在之詩》／生命潛能

《一個新世界》／橡實文化

附錄

幾年下來，
我們累積了許多在不同場合與時間裡，古魯的現場錄音。
許多錄音當時並不對外開放，
這次特別收錄幾篇，並與書中的內容相呼應，
作為附錄，也讓此書更添珍貴。

一、我非我
二、性非性
三、慾非慾
四、佛非佛

【我非我】

【我非我】

二〇〇七年的四月份，古魯至印度閉關。三個月後，我們在印度新德里，再次與古魯相遇，同時，也開始明白，如何真正的愛一位師父……。

如果你們真的愛我的話，就跟你們內在的古魯合一。我代表著佛性，以及你們內在的上帝，你們內在的古魯。

這只是一個肉體（古魯指著自己），對吧？

對我來說，它也是光，其實我們都是光，而我們總是忘記。我們忘記我們自己是誰，然後我們會執著在這個形象上。你會執著在你的形象上，執著在那些外相上，那些外相的東西不是我們要的。我們一路走來，一直都在往內，如果你們真的愛我的話，這一世就完成你們內在的朝聖之旅吧！

這十三天㊟只是我們一輩子的縮影，每一天都會發生這樣的事情，是嗎？所以你內在的上帝，你內在的佛、本覺都一直在「那裡」，但是我們往往不是朝著那個方向看，我們都是先看到外在的頭腦，我們生生世世的種子會跑出來很多東西，讓我們看不見內在的部份，**But it's ok.**。因為它跑出來的時候，也就是提醒自己說，我們真的是佛，不要執著在外相上面，這真的無法障蔽住本覺的光芒。

你一旦找到內在的佛，那就是跟我合一，這不是很美的事嗎？那個愛和感恩的振動就自然的從裡面流動出來，你不需要用頭腦去說你要做這或做那，懂嗎？心輪它自然就開啟了，在這一路上也是一樣，就像那天我在帳棚時說的，每一個人的路其實是沒辦法被取代的。你的路或我的路，無法被取代，所以它都是一條最美的路，所以接下來還有五天，**Enjoy it! Enjoy every moment of your life!** 跟你內在的上帝連結，當你地球

㊟指**2007**年**07**月份，光流夥伴們共赴印度進行的十三日內在朝聖之旅。

上的意識印象思想跑出來的時候，別理它，就讓它這樣過去，別往那個方向想，也許有時候那個過去世的印象種子種得太深，當下沒辦法察覺到，可是上帝一定會讓你看到，只要你願意看見，你會看到。當你看到時候，你會超越那樣的無明，你會明白很多事情，如果在這短短的十三天，你可以看到好多生命的縮影，我想這是一件非常非常值得的事情！

所以Enjoy it!當你身體不舒服的時候，Enjoy it! Just like me!所有的業力跟考驗都會過去，反而這個時候你會看到業力的美，其實這次在剛果垂(Gangotri)閉關的時候，有很多的東西都因為抽離出來，於是會跟這個世界有很大的距離，But it's ok!需要的時候，馬上調整啊！因此，可以看所有的東西都很美，包括看大家的無明，無明也很美，不管你在什麼樣的狀態，它都是從本覺流動出來的，都很美，當下享受所有的事情。然後接下來還有五天的行程，不管我們明天會遇到什麼樣的司機，或是你會安排到哪一台車，我相信都是安排好的，都是上天最好的安排，它一定有某些訊息在裡面，包括你會被安排到那一組，分配到哪一車，跟誰睡同一間房，我相信這都是上天最好的安排，會有很多的訊息在裡面。讓我們全然地敞開，能敞多開就多開，如此一來，你反而讓那些印象種子流動，一流動，它就是在消融。譬如說，你讓那個緊張、恐懼出來，你讓它流動，它就是在消融，它就會過去。

然後，有一天，我們會記起我們就是佛。

——取自2007年07月，與古魯同行之印度之旅，於列城．拉達克

古魯註 所謂的「師父」，也有四種含意。依照深度，可分為：外、內、密、祕密。

就像本附錄一開始所說的，若執著在大慈悲愛力所示現的「外相」上，那麼就很容易把注意力都放在外面，你就沒有辦法流入你的內在，而內在的奇蹟之門，就不會開展，我們就沒有辦法進入內在的天堂。

外在的師父，只是在導引你，如何進入內在真正本覺的光流，這是「外」。你需要一個外在的師父為你指引方向，可是那個師父他又知道，沒有法，沒有門徒，沒有師父，我們全部都是圓滿的光。自古以來要找到這樣的師父不容易，可是每一個時代，特別是在最黑暗的時代，大慈悲愛力都會示現出這樣的狀態來，讓在這個地球上面的佛覺醒！

「內」的師父就是：內在的光明，覺知的振動，這個振動喚醒覺知，當覺知醒過來，我們又可以看見更寬廣更深的實相，自己會從裡面明白過來。

「密」的師父就是：所有的一切，都是終極平凡，都是空性的展現， 所有的一切都是多餘的，在密相裡面，所有的一切，都會隱沒在那個沈靜的極竟之中；覺悟了，但是你又沒有一個「悟」的概念。

最後的「祕密」相就是：本覺。我們所有的一切就是本覺。我們與本覺，無二無別。

【性非性】

【性非性】

講到關係，就難免會談到「性」這個議題。我們的上一代其實給了我們很多的制約跟束縛，然後我們也對它一直都懵懵懂懂的。是不是可以請古魯引導我們，讓我們對自己的身體，以及性能量有更多的了解與深度的釋放？

這個問題很棒，其實每個人都會遇到這個問題。

我剛開始幫人諮商的時候，那時大約是八、九年前㊟。當我在幫別人做能量療癒或是諮商時，我自己也會遇到這個問題。在當時，我很害怕單獨跟異性共處一室，因為在互動的過程中，那個能量會被引動起來。當然只是有的時候會，不是說每個人來都會引動它，可是當有一些，可能跟我們的磁場比較相應的人出現時，就很有可能會引動起那樣的性能量。

㊟錄音時間為2006年年初。

在剛開始的時候會很害怕被引動，那個性能量的引動，是不致於說你會勃起或是什麼，不是，但是你會知道你裡面有一股能量已經被牽引出來了，也就是這個肉體已經有了反應。剛開始的時候都會對這個肉體的反應感到很恐懼，就算是我剛開始的時候也會的，所以我也想告訴你們，你們有的過程，我通通都有！（大笑）

我們必須知道，每一個走在修行道路上的行者，都會有遇到自己問題來的時候，在這種時候，自然就會想要，也需要去面對和穿透它。好比說，開始看見自己，為什麼我會有反應？或是為什麼有反應之後，會想壓抑？為什麼會沒有辦法自在地跟異性相處？結果就是因為這樣子，我從那個時候開始研究「性能量」到現在。

因為那個時候我看到了自己的盲點，在當時，我都是只修空性，當然那個時候還不怎麼「空」！（大笑）其他的都不管。我那個時候開始看見自己這樣的時候，我想這樣不行，這樣的話，以後我們的愛怎麼能真的敞開到無限，而且沒有雜質、沒有分別呢？我看見自己的雜質，就想這樣不行，所以開始逐步的、深入的研究下去。

在講這個之前，我想先跟大家分享一個我之前講過的故事，它出自於奧修（OSHO）的書中。那個故事是講到那位有名的Adi Shankaracharya，就是商羯羅。商羯羅是一個非常、非常有名的二元論的論師，所謂二元論就是指在這個世界中，一定有陰、有陽、有好、有壞，二元嘛！商羯羅是一位在二元論領域中，很重要、很重要的一個代表論師。我看到那個故事的時候，非常感興趣，因為商羯羅從二元論，論及在一般的不管是我們現在講佛法裡的中論，就是中觀、唯識中觀裡，極具代表的一位論師，中觀在佛學裡面是非常、非常艱澀難懂的。而商羯羅在他那個時代，研究了各門各派的學說，然後把相似之處整個整合起來，所以他在那個時代裡，是一個很有名的推動中觀以及融合各家學派運動的人。

在當時，印度都是這樣，印度的傳統就是辯經，譬如說你是很有名的論師，我也是很有名的論師，那我們各自都會有學生，傳統就是我們會去找厲害的論師辯經，一辯之後，如果你輸了，那你跟你的學生就得統統都皈依在我的門下。

這故事是這樣的，商羯羅有一次就去找了一個當時很有名的神秘家，自古以來，就只有神秘家才知道內在真正的神性和佛性的奧秘，我們翻成現在的白話來說的話，就是實修的人。要不呢，以前的人都是在談論經典或就只是看書而已，全都被框架套住，然後外表看起來，出家人就是出家人的樣子，論師就是論師的樣子，但是他們並沒有實際的去經驗。好，話說他去找了一位當時很有名的神秘家，想要跟他辯論，結果他們選擇了一個辯論主題，進行了六個月的辯經。六個月之後，那個神秘家輸了，就輸在一個邏輯面上。結果怎麼辦呢？就要宣佈輸了啊，而那個神秘家的太太巴提(Bharti)也不是一個省油的燈！（大笑）因為在當時，印度的傳統，妻子是先生的財產，所以妻子等於就是跟先生同一體的，甚至以前在印度有一些習俗，如果先生死了，有的太太還會投火自盡，就是跟著一起殉身，或者是說寡婦要住在寡婦村，就是終身不嫁了。

好，話說回來，這位神祕家輸了之後，他的妻子巴提就跟商羯羅說：「你打贏了我先生還不算贏，因為我跟我先生同體，我是我先生的財產，所以你還要打贏我，那才算你贏。」

那麼，商羯羅也是很有胸襟的。他說：「那這樣好了，接下來的主題由你決定。」

有趣的是，你知道巴提挑了什麼主題嗎？她挑了一個讓商羯羅很頭大的主題，她說：「我們來討論『性』這個議題吧！」（狂笑）

這回，商羯羅真的是頭大了！因為這是他最不在行的。於是商羯羅也坦白的說：「對不起，我是獨身者，並不知道任何關於性的事物。」結果巴提也給他一個很大的包容與愛的支持，她說：「沒關係，我給你六個月的時間，你去瞭解、體驗『性』是什麼。然後，我們再來辯論這個主題。」

半年後，商羯羅沒有再回來了。（狂笑）

哎呀！巴提果然是開悟的人啊！意思就是說，在實修裡面談到「性」的時候，其實就已經是在實修的路上修得很深入了。因為每個走實修之路的人，都一定會遇到這個問題。先修「空」，然後接著就會是「性」，也就是「有」。性，就是要修「不空」的，這樣就完整了。

所以商羯羅後來自己也說，他只來到「一半」，他的開悟只開悟一半，因為對於性，他毫無概念，所以很可惜！

從這來談密續的修煉。

密續中，無上瑜伽部的四灌裡面，前兩灌的修持先幫你打好很多的基礎，在這之前，當然早已經培養許多深厚的空性基礎了。就像按照傳統修煉講到，至少要在顯教裡面，你的般若智慧甚至要達到十二年以上的基礎，才有辦法切入密續。有一個重點是因為密續會談到「性」的部分，「性」的修煉，它要開始轉化「性」的能量。那麼，走到這個點的時候，就會有一些撞擊產生，一些深層的東西浮現出來，於是我們就需要去整合。所以按照傳統，如果有那個人因緣學習到無上瑜伽部的時候，前面的兩個次第，就是用來協助你把能量提昇，必須在碰到性能量這個主題之前，要能夠先學會駕馭你的能量，不然一旦導入了慾望流，你就會被這個慾望拖著走了，對吧！

所以，在前面這兩個次第裡，要開始學習控制你的呼吸，要學會把性能量往上引導、流動。那性能量怎麼往上引導？在這前面的兩個次第中，就會教導你用觀想的方式，用鍛鍊能量的方式，用集中注意力的方式來達到。因為注意力在哪邊集中，能量就往哪裡去，就是用這樣的方式，來轉化自己的中脈裡面，潛藏的業力能量。在我們中脈裡面的業力能量，會左右我們的慾望流向，或是說，會把很多的想法加諸在對性能量的概念上。

昨天講到，我們都有陰性的能量與陽能的動能，其實對於「性能量」，我們甚至可以說，它就是一股純粹的陽性動能，可是問題是我們在這方面的概念上，貼了很多雜質的標籤上去，我們沒有辦法站在中性的角度來看待性能量。所以密續的方式是，那你先把你的身體，你先把你的概念，轉化成「佛」再說。所以這就是為什麼他們要修「本尊」，其實就是利用修本尊的方法，來把你對於自己身體的執著，還有對於這個小我的貪、瞋、痴的概念，全部都轉化成清淨的空性。

所以這樣可以理解我們這裡是怎麼修的嗎？

在這裡，我們直接跟白熾光融合、消融，白熾光就好比是密續講到的本尊。但是我們是直接契入那波流裡，而不再用觀想的，因為觀想的振動還在三界內，不要再觀想，直接連結白熾光，直接感受到波流，直接跟這個波流合一的時候，你所有的一切都振動開來了，你所有的雜質都將漸漸的振動掉了，然後因為我們在打坐的時候，須要鎖住眉心，所以能量因此就會開始往上流動了。

當我們在轉換這個能量的時候，我們必須要先修，就是先把前面的那兩個次第修鍊好，也就是你的能量，必須要可以往上流動到你的頂輪，然後，因為裡面還是會有很多的雜質，所以你必須要全數真的轉化成白熾光的振動，不然「性」就會讓你產生很多的聯想，因為我們的種子，我們生生世世來到這個世界，都被這個世界的思想污染，你必須在這兩個次第中，把所有的概念全部轉化，否則，真正的性能量被敲醒卻又轉化不完全的時候，只要觸摸，它絕對就會有反應，這是一個生物的本能嘛，你沒有反應就變植物人啦！可是這個反應，我們是如何不帶著任何觀念來看待它，看待性能量呢？了解意思嗎？

我們對於性都會有很多的雜質，譬如說，我們都會想到許多與它有關的慾望，或是性就是萬惡之首啊什麼的，我們早已把很多的雜質貼在上面，所以當性能量起來的時候，馬上就會被我們轉譯成慾望，其實它只是一股很大的陽性的動能啊！我們之所以可以活著，可以講話、可以吃飯，都是因為這股生生不息的「性能量」作用著。

可是我們卻把性能量鎖在黑盒子裡面，然後說，這個不要碰，這個不准碰，碰了就會怎樣，就會墮落，就會慾火焚身，就會如何如何……NO！那一些是我們的概念，所以在這兩個次第之前，我們必須從那些概念中解脫，就是在所有的消融過程裡，你也變成可以接納你自己的性器官，或者是你的性能量，所以在後來到第三個次第的時候，甚至以前的方式就是會開始用觀想的，父佛和母佛的交融，他們用觀想的方式，來引動我們身體的樂，你看現在很多人的高潮，他沒有辦法享受那種很純粹的高潮，他反而是要用假想的，因為現代人壓力很大，各方面的資訊太多，我們沒有辦法很純然的只是導引這樣的能量，然後享受這個能量在這個過程裡面的展現，好比說，能量上到每一個脈輪裡面，所產生出來的樂受也都不太一樣，當然每個人必須用自己的身體去感受，會不太一樣。

所以在這個次第中，你必須練得很紮實，才有辦法真正的導引性能量，否則性能量一出來，它牽動的就是個人深層的慾望，性能量只要從第一脈輪出來，然後第二脈輪，你馬上被敲動到的就是，以人類的語言來講就是「性衝動」。像男性在青春期的時候，我們都會有性衝動，只是不敢啊，於是我們就壓抑，想說這是什麼東西，我自己也搞不懂，性衝動出來的時候，你就好像被慾望牽動，一定得去做那件事情不可，可是純粹的性能量完全不一樣，當我剛剛講的狀態練到很純熟的時候，生物的本能還是會有，但是不再會受到它的牽制了。

以前性慾來的時候，你只有一個出口，就是去做了，去做愛，結果那能量就開始往下流動，就全部卡在下面的脈輪意識，所有的注意力絕對都是放在下面的。然後，如果沒有把它鬆開的話，我們一整天就都帶著緊張了，對吧？那個壓力。如果是修行人的話，你慘了，你就會好害怕跟異性接觸，因為一接觸就會觸動。但是，這時候就是要讓你有機會去看到，你該怎麼導引它，你該怎麼面對你的性慾，而以前的修行人都是選擇壓抑。好，一旦把你的性能量壓抑下來，嘿！你的胃就會不舒服。就像在奧修《脈輪能量書》裡面所提到的，他提到第三脈輪是性輪，我剛開始的時候想說他的講法很有趣，後來實際上到內在去觀照，我明白他為什麼會這樣子說了。因為第三脈輪是個人力量的呈現，我們都帶著很多對性的偏見，我們都以為性慾來了就一定得要這樣不可，NO！不是的，現在有第二種選擇了，性慾來的時候，我開始帶著它轉化，讓它往上流動，當這樣子不斷的往上昇華的時候，大慈悲愛力也會自然而然的呈現出來！所以哦，你的細胞都會在那個振動裡面，就在愛力的振動之下，那些雜質都會淨化掉了，懂意思嗎？

為什麼我們人類都被「性」綁住？

因為在性高潮的時刻裡，我們瞥見空性，人類在性高潮的時候，會達到某種很深層的滿足，我們人就開始追求那個「滿足」，於是人因此開始被性綁死。我們以為要這樣子才可以獲得那個滿足，其實不是，這是上帝一個巧妙的安排，祂讓我們在性高潮的過程中，瞥見好像完完全全融入這個宇宙，完完全全無我，完完全全融入第三界的感覺，然後我們被那個感覺撼動了，所以就變成一直不斷的追求錯誤的方向，好比說一直想再做愛。其實有一個部份，有個在潛意識、靈性上的原因就是，人因為不懂，只好一直往那個錯誤的方向去，因此，我們現在要逆轉回來，就是要把性能量往上引導，往更精純、精細的波流裡融合與鍛鍊。直到你能夠知道自己是為什麼而做的，開始體驗空性，以及必須在內在就把自己的習氣都轉化到某一個程度。

所以，這一切的目的已經不是為了做愛的爽，是為了真正的空樂，在自己的內在，如何讓內在的陰陽能量合一，你是在體驗你自己的陰陽能量合一，到最後，女性是一個獨立的個體，男性是一個獨立的個體，然後我們都是各自獨立的個體的時候，在那個空性裡面就會真正的合而為一了，而最後就是邁向「無慾」。

所以踏入到第三個階段的時候，就叫做「不空」，所謂的不空，就是我已經不再把我跟伴侶間的做愛看成是做愛，因為在那個過程裡面，它變成是一個大慈悲愛力的展現過程！因為我沒有「我」的概念，我的伴侶也沒有這個「我」的概念，兩個都沒有「我」的概念時，那個階段就會變成純淨度非常、非常的高！

雙方會充分的融入彼此，然後在那個能量流裡面去體會什麼叫樂空不二，進而把這個樂空不二帶到細胞裡面，直到你所有的細胞全部轉化，在那個過程裡面我們全部都是光，所以你很多的雜質也完全被淨化了，只有在這樣完全整合的過程中，你才不會衍生出過多的慾望，你也才有辦法很自然的跟另外一個異性在一起，因為那個時候異性的概念已經不存在了，你的陰性能量跟陽性能量合一的時候，你從此男非男，女非女，你已經不再受限在這個觀念裡面，所以你可以很自在的跟異性相處，你甚至跟女眾在一起的時候，你也會變成女眾，你跟男眾在一起的時候，你變成男眾，所以你根本沒有性別上的概念，沒有肉體上的概念，沒有那一些概念，因為那些都在那樣的空性裡面全部轉化了。好，這是第三個階段。

最後就是到了第四個階段，在這個階段，因為你整個人都已經換成大樂身的時候，你的打坐，你的那種深入度、寧靜度，你的喜悅的程度都跟以前不一樣了，你的整個身體都轉換了。所以，不管是誰來靠近你，他都會覺得好舒服喔，因為你散發出來的振動跟眾生帶有大量雜質的振動，是不太一樣的。

所以，這是一種很實際，可以引人契入空性的法門，而且你可以完完全全的轉化你的性能量，不再對性能量貼上很多雜質的概念和標籤，最後

都是為了完全的達到自如、自在，而且不用再依靠任何人，因為你已經
完全的進入中性、寧靜的存在了。
這樣不是很美嗎？

——摘錄自2006年年初禪七內訓，於國姓竟心村。

【慾非慾】

【慾非慾】

無明讓我們不快樂，
幻相讓我們的心束縛住，
而忘記了我們可以很快樂，
忘記我們本・來・很快樂。

其實，無明並不是說你現在擁有慾望就叫做「無明」，是你擁有慾望後，你仍在許多概念中，而不了解慾望本身的作用，還被這個慾望綁住，甚至你批判自己說：「我怎麼還有慾望！」。不是的，我們這一世的修行跟以前的方法很不一樣。我們反而是因為擁有這麼多的「雜質」，這麼多的念頭，以及我們所擁有的一切，讓我們可以更了解自己的偉大，了解自己是「佛」。

生命的本質就是慾望。

所謂的慾望就好比說，每一個細胞，它都有「一直往前進化」的慾望，在這個宇宙裡面，每一種狀態的潛意識都會要它不斷的前進、前進，它的本質就是前進、進化。

我們的生命也是。

所以我發現到一個現象就是，對於生命更深的體悟，還有生命的存在，都跟你的慾望息息相關。生命的存在，就一定有慾望。而所有外界的作用現象，又與潛意識有很深的關連。從潛意識的印象裡面，可能還有對慾望的投射，或是說我們還存在著慾望就是不好的，慾望是阻力、是阻礙……等等的想法與概念，因此從外在的現象上，這些潛意識的東西就會浮現出來。

舉個例子來說，我好想要賺大量的金錢，因為賺大量的金錢後，我們就可以利益更多的眾生，拿來作更多有益眾生的事業，對吧！但是我潛意識裡面的種子，卻覺得，錢是罪惡的、是骯髒的。那麼，實際生活中，就有可能不斷的面臨經歷貧困的衝擊。

當你發現自己的潛意識裡面有一些印象，一些概念，覺得慾望是不好的時候，其實就是一個為自己對焦的好時機。讓自己靜下來，然後你就可以馬上「看見」整個過程。

在表意識層次的思想若有浮動，我們幾乎都可以知道，可是如果是在潛意識層次的話，從這邊開始就是「功力」了，也就是指我們「寧靜程度」的功力。當我們夠寧靜的時候，就可以知道潛意識裡面，還有哪些種子、哪些印象在影響著我們。在達到這樣寧靜之前，也許我們需要透過像是「回溯」，或是一些其他的方法來讓我們「間接」的知道或觀察到。現在都是要用間接的，我們才看到原來我們的潛意識是這樣。但是後來寧靜、明晰到一個程度之後，你變得可以直接的知道潛意識裡面現在是什麼狀態。

潛意識之後就是超意識，也就是宇宙意識，在這種明晰的狀況下，我們當然也可以很清楚的看到自己的宇宙意識是在說什麼？振動如何？這時候就會清楚的聽見「內在的聲音」。有的時候，不同層次的意識會有不同的聲音喔！譬如說，表意識會說：「我們去喝杯咖啡吧！」超意識會說：「打坐！」（笑）

有時候就會有像這樣很不一樣的訊息，同時出現。

幾乎超意識都會以直覺的方式把訊息傳遞進來，但是，當我們的表意識不能收到那樣的訊息時，超意識也可能會先轉成表意識來傳達。不過，它不是直接就到表意識，不是的，它一樣會先影響著潛意識，由於潛意識的影響力非常的大，是表意識力量的三萬倍以上，這就是為什麼當你的種子是放在潛意識，或是在超意識的時候，很快的就會在現實生活中實現。一般如果是沒有鍛鍊過的人，那麼它的超意識要浮現到表意識上面來，會先經過潛意識，然後潛意識就開始透過夢，或透過其他媒介，可能是靈光乍現，或是透過一本書，或一個人、一句話，透過它來跟表意識溝通，不然表意識很難知道。那麼，如果是有修習的人，後來因為覺知的擴展，特別是擴展到第五體之後，他就會變成很直接的，能夠與超意識連結，這時候，你就會清楚地看到表意識，然後你也會漸漸地開始去學習，如何看清楚潛意識，最後超意識的訊息也會很清楚。

這個過程是需要時間，需要透過練習的。總之，就是「寧靜」，需要寧靜，但我們通常都不在寧靜之中，日常生活的瑣事太多，要讓自己的心靜下來就得需要訓練了。

所以，在這個生命體裡面，因為慾望而不斷的將生命往前推進。說到慾望，它又可以分為很多種。譬如說，前三層體的慾望，還是說我們潛意識裡面，關於前世印記的慾望。好比說，前世有一些你覺得沒有完成的，它也會變成慾望的形式推動你，讓你有一股「衝動」，好像非得完成它不可。

衝動的形式，也會有不同的層次，有些是表意識的衝動，是比較表淺，比較濃郁的慾望。然後來到潛意識的衝動，好比說，有一些印記還在的時候，它就會一直不斷的影響你，譬如說，有人走路都會撞到東西，三不五時，這邊黑青那邊黑青的，不然就是走路時勾到花瓶，花瓶就倒了、破了……等等的這些，剛開始時，表意識並不知道這是什麼訊息，只知道自己很不小心，但是，從小到大都是這樣，走路都會跌倒，別人不會撞到，你就會撞到……。這其實已經是潛意識正在釋出訊息，在你的潛意識裡面，可能有一些印象，一些種子存在，使得你看不到自己本身的愛，就是說你不夠愛自己，於是，你就會開始呈現那樣的狀態，像是跌倒啊，外在傷害啊……等等。有時候那個來自於潛意識的衝動，是你的表意識無法覺察，除非是你的覺知開展到一個程度，你才有辦法覺察到。

那麼，超意識的衝動就更不一樣了。

超意識也有衝動，也有慾望，當我們這個宇宙被創造出來的時候，如果它沒有「慾望」，它就沒辦法再創造下去了，也就是說，當這個宇宙被創化出來之後，它只能夠一直不斷的「前進」，它開始演化成好多的銀河系，演化出好多的星系出來，演化成好多的星球出來，它一直在創化著。

如果拉到我們的肉身來看，超意識的慾望就很接近我們的修行，因為它希望的是「意識得以擴展和提升」，所以超意識是屬於比較高等的意識，就是說你從表意識去看待一件事情，好比說你最近遭遇到一些事情，可能是一般人覺得不好的事，比如說你的錢不見了，可能被人家倒呀，或是被人騙走了，我們的表意識會覺得，這些都是未知，那接下來怎麼辦？接下來該往哪個方向？我們的表意識會想很多，再加上潛意識印記的影響，如果你壞的種子很多，那你就一直想到壞的方向；如果你好的種子很多，你就會偏向好的思惟。可是超意識就不同了，超意識它會在突然間，好像讓你跳脫這個局面，突然間你就會看到，這真的是一個幫助耶，你的內在就好像在提醒自己。這對整個生命來講是很好的，不是看書來的，你裡面的直覺就是「知道」。那種狀況就比較接近超意識，甚至有時候超意識是沒有感覺的。

你到了超意識層次的時候，你的寧靜和平靜會異於常人，也就是你經常處在寧靜和平靜的狀態中，然後遇到事情來時的撞擊，你會發現你的波動，不再那麼起伏不定了，你會看到表意識的起伏，可是也會很清楚的知道，你的超意識完全都沒有動過，就是那種寧靜的狀態非常的深。所以慾望它支持著內在的轉化，不管現在的慾望是表意識、潛意識或超意識的，其實它都在幫助我們轉化。譬如說，你看到你的執著了，你看到你最care的東西是什麼了，其實它都在幫助我們，它在幫助我們蛻變，也幫助我們創造成就一切，比方說我們光流要走向全世界，讓全世界的人都聽見「佛」的聲音，這是不是也有「慾望」，這也是慾望呀，「我們要成就」，它是不是慾望？「我們想要變得更好」，這是不是也是慾望？可是當我們看待慾望的方式不同了，意識進化的層次愈高等的時候，你就愈不會care它的結果，不再受到結果的束縛了，了解意思吧？差異就是在這裡。

如果是表意識的慾望，意識停留在下三脈輪的人，他會非常care結果喔，譬如說，我投資這個，哇！錢都不見了，開始波動很大，就睡不著了。或是你的愛人，說要跟你離婚，跑掉了，你撞擊就很大，慾望停留在下三脈輪的層次，你的波動起伏就會很大。如果你的意識可以提升到潛意識，好比說心輪的層次，你一樣也會有波動，可是你很快就會轉念，很快就會換個方向轉，而且你會接納這個事實，開始想著接下來可以做什麼，開始往前進的方向進行。你的意識若是提升到超意識的人，就像我們剛才說的，一樣有慾望，沒慾望就沒了前進的動力了，但是對於結果是比較不執著的，不再被結果綁住，不再會那麼罣礙在結果上，你會知道這一切一定有它更好的安排。如果再更提升上去的話呢？開玩笑，你的反應搞不好就不會像別人一樣了，開始有些令人難以理解的舉動，好比說，人家講你的錢都沒了，被騙了，搞不好你就「哈哈哈」大笑一番之後，就沒了，完全不受影響。

但是，意識提升之後，它每天可能還是會跑來跑去，跳來跳去的，因為我們潛意識裡有很多的業種，在還未完全轉化之前，它都會影響著我們。所以，我們每天一早起來，就可以為自己對焦一下，每天起床的時候，都要清楚的知道，自己現在是什麼狀態？這就是為什麼以前我們在練生活瑜伽的時候，為什麼每天早上醒來，你都要練小太陽，你要先念一下口訣，銜接一下能量，讓自己整個活絡了，你再起床，再打九式㊟。

有時候因為受到業種的影響，搞不好你在睡前打坐，哇！好寧靜喔！你入定了，然後你覺得那個境界很讚，可是當你一覺起來，發現胃輪卡住，或者晚上做好多夢，那些夢都是很不舒服的夢，其實那也是清除業力的方式。當我們寧靜到了一個程度時，能量會集中而將過去很多的業種翻出來處理，然後翻出來的時候，隔天就會下降到第二輪或是第三輪，比較低頻的意識，那會讓你感覺比較煩躁、浮躁，你就覺得，奇怪？今天一起床，聽到啥聲音或是啥東西的刺激，你的反應就很激烈，那麼這時候，你就會知道今天的狀態已經在提醒你了，就趕快調整好就好啦。花一點點時間，

㊟九式，即指光流瑜伽九式。

把你的意識提升起來，這樣也可以培養自己的明晰度與覺知力，就是說你的覺知要夠清楚到你現在到底是啥狀態？但是不要批判呀，不是說你早上起來「唉呀！我昨晚怎麼做這種夢！」，春夢了無痕呀！你就開始批判自己，NO！那是不必要的，你只是需要知道你在哪裡？「我今天的脾氣比較暴躁，喔！我知道了！」然後調整自己。

總之，愈高等的意識，對於結果是愈不care就對了，不管是成佛，不管是什麼，它就完全放開了，那樣的放開，反而可以讓你的能量完全的釋放出來，反而讓你可以創造更多的東西。我們以前一遇到事情的時候，我們下面三輪的意識一啟動，哇！慘了！**我們的思想體一啟動，我們就會擔心很多事情，擔心這個結果，擔心那個結果，你這樣子反而是更綁手綁腳，你就放不開了，你放不開、有罣礙的時候，心有罣礙，你就走不出去了，無法前進，你的生命就會停滯。那個意思都是一樣的，當意識越提升，這些就影響不到我們，而這是一直要在寧靜當中去修鍊、轉化。**

我們現在對於物質都有某些印象，譬如說，我們的肉體就是比鐵還軟，打下去很痛，我們都有肉體的印象，我們的潛意識都有，又譬如說，有肉體就會生病，有肉身就會有無常，有這個世界就有無常，事實上是我們對這個萬事萬物，都有某種「印象」存在。為什麼我們不能穿牆而過？因為你「覺得」你的身體是物質嘛！就這麼簡單呀！為什麼我們不能飛？因為你「覺得」我們是人嘛！我們不是鳥嘛！你懂我的意思嗎？我們已經有很多的印象儲存在潛意識裡面，這反而把我們的力量鎖住。為什麼我們不能開悟？為啥我們不能了解我們自己就是佛？因為有那些無明存在，才一直刺激我們前進呀，因為有那些「無明」，才會讓我們想去了解，到底「明」的時候是什麼狀態？

所以無明是成佛的鑰匙，沒有無明我們就不會「想」了解啦！

所以說，慾望、無明是一把金鑰匙，當慾望淬鍊、精純化、往上提升之後，我們將理解到內在的本質，超越兩端，回歸中性，無二不二。

——摘錄自2007年夏末，光流克利雅（Yana Kriya）傳心閉關，於國姓竟心村。

【佛非佛】

【佛非佛】

《心經》，

其實它本身就是一個很美麗的存在，

而這個存在，

只有當你親自去品嚐它時，

你就能全然明白了……。

要說《心經》嗎？

這實在是一件很困難的事情啊！（大笑）

你們知道為什麼嗎？因為《心經》和《金剛經》一樣，都無法用語言來形容。當初釋迦摩尼佛在講《金剛經》的時候，是直接從那樣的境界與振動來講經的，所以很多部份是頭腦根本聽不懂的。所以如果要去解釋它究竟是在講什麼，那就真的是多此一舉了！那個東西不是語言，不是文字，《金剛經》之所以叫《金剛經》，在梵語中意含我們的本質就像金剛一樣，無法被摧毀，並具有「能斷」的特性，也就是說我們的本質就像金剛一樣，無法被摧毀，並且能斷除所有障礙，摧毀所有的魔障、業障、幻相。所以這一切很難用言語來形容，連釋迦摩尼佛當時都說，如果說「如來說法」，即是謗佛，意思就等於是說，如來在當時沒有「說」任何的法，祂只是將祂的「在」、祂的振動，傳遞出來，所以去解釋《金剛經》的人是笨蛋！哈…哈…哈！（狂笑）㊟

（中略）

真理不是用語言說的，真理，是我們內在的靈魂原本就知道，我們是怎麼如此存在的。所以《金剛經》或《心經》，都沒有辦法用語言來形容。但是呢，因為是在地球上嘛！如果沒有用語言來傳遞，就沒有辦法有機會了解真理是什麼了！所以假藉文字、假藉語言，「假藉」的喔！千萬

㊟此時，古魯在嘲笑自己。

不要執著我所說的啊！所以呢，我們假藉這個文字來看到真理的方向，來體會怎麼樣叫做「只是存在」。

所以整部《金剛經》裡面，全部都是在這樣一個偉大的能量場裡進行的，釋迦摩尼佛透過這個場，斷除、破除你所有的概念。又因為「概念」本身的無明不容易摧毀，所以才需要從「空性」的角度來協助自己愈來愈理解，然後讓自己只是對焦在那個「在」。《心經》是般若經，你們有聽過《大般若經》吧，《大般若經》很長，所有的般若經其實很多，《心經》是《大般若經》裡面的精髓，它是空性精髓的濃縮。

我還是要重申剛剛說的，這些語言解釋都是多餘的，可是我很想藉由這個機會，透過語言來讓你們的頭腦可以理解，但是不要抓住這個理解，因為如果抓住這個理解，你已經不了解我們所存在的這個「場」，這個境界是什麼境界了。可以理解我說的嗎？

所以跟著這個文字的振動，跟著這個現場的振動，然後用我們的心來交流。所以說，「心」就是心髓，就是十方三世諸佛，祂的心髓。祂的心髓的秘密是什麼？祂的秘密就是沒有辦法訴說的，才叫秘密嘛！那個秘密就是一個佛祂存在的「場」，祂的「在」，那個秘密就在祂的裡面，所以如果要講《心經》，其實它就是一部很美麗的存在，而這個存在只有你親自去品嚐它，你就明白了，根本不需要假藉這些文字，這些文字都是多餘的，因此在講的過程裡面，請你們用這樣的心去品味那個美麗的存在，那個美麗的存在都在我們裡面，那個源頭的振動都在，它隨時都在，我們在這個宇宙裡面，不可能離開它。

可是我們會被我們的原始無明、俱生無明罩住，就像我們在做夢，在夢裡面很真實，譬如說在夢裡面發生車禍，哇！那個好真實喔！我的腿被撞斷了，然後醫護人員來搶救我們，一切就像是真實發生的事件，一切都好真實喔。突然間，你醒過來，而那一刻⋯⋯，剛剛那個夢呢？它⋯⋯不再代表任何意義了，因為你醒了！

這個「醒」，就是《心經》、《金剛經》它所要傳遞給我們的。

我們本來就是「醒」的，我們沒有離開過那裡，可是我們現在正在夢裡。了解那個意思嗎？我們來到這個地球，然後開始做著我們的夢，我們意識中的夢，直到醒過來，直到你已經跟這個宇宙合一，你就真的會有第一次的「醒」過來，那個時候你會了解這一切都是夢，那這個時候你開始很深入的從你的心輪流出《心經》和《金剛經》，聽懂意思嗎？《金剛經》和《心經》是從你的心輪振動出來的，不是你從文字理解回去的。它是你在那個「在」裡面的時候，就已經傳遞出那個振動，連魔都害怕！魔為什麼會害怕？因為在裡面完全空性，完全空相，完全無我，完全沒有任何的「慾」，這讓他們沒有任何一個使力點可以跟你互動，可以影響你，所以它們就會害怕了，而且就會被你的愛力感化，所以為什麼叫「能斷」，能斷除所有煩惱，四種魔，煩惱魔、天魔、死魔，五蘊魔，色、受、想、行、識，能斷除這些幻相，讓我們真正醒過來，讓我們醒過來的那個「在」，就是《心經》就是《金剛經》，你醒過來的當下，就像我剛剛說的，《心經》跟《金剛經》的奧義，就從你的心靈振動開來，你已經是了。《心經》、《金剛經》只能「是」，不是閱讀，不是它是什麼含義，它只能「在」，只能「是」，當我們在那個狀態時，那你已經在講經了，聽得懂的人就聽，聽不懂的人他坐在你旁邊，不懂還是不懂。因為《心經》跟《金剛經》它只能夠傳遞，就是說它只能夠用「在」來傳遞，它沒有辦法用語言，釋迦摩尼佛在世上的這四十九年裡面，祂都用祂的「在」來傳遞真理，祂不是用語言傳遞，是為了化成語言，才有《金剛經》的，才有《心經》。

所以剛開頭如果要講這個經，我們必須知道它其實是沒有辦法被訴說的，它只能夠在你的內在，你的裡面親自品嚐它，然後你就會知道它的含義是什麼。到那個時候，你會明白，《心經》、《金剛經》的精義、精髓、奧義都在每一個人裡面，都在每一個生命裡面，都在每一個細胞裡面，都在每一個量子裡面，因為我們不可能離開這個道，我們不可能離開這個大慈悲愛力，所有的一切全部都是《金剛經》，全部都是《心經》，全部都是所有諸佛菩薩的大慈悲愛力，所有的一切都是上帝，當你在這樣的狀態裡面的時候，那一切都不用多說了！哈……哈！（大笑）

可是就是因為我們還在夢中，我們還在「睡覺」，所以我們沒有辦法理解睡覺醒來，這一切都是夢的狀態。那個決定性的勝解㊟還沒有來到之前，好像我們都要假藉文字，假藉這些東西，假藉一個法。其實根本沒有法，因為如果在《心經》的境界裡面，「法」都是多餘的。我們原本就是醒的，為什麼還要弄一個東西「讓自己醒」呢？為什麼還要再加一個東西在自己身上呢？這就是為什麼說法尚應捨，何況非法，如果法、真理你都要丟掉，那何況其他的那一些夢呢？非真理就是夢嘛！何況那一些夢中的東西呢？所以當我們還沒有完完全全的醒過來之前，那些外在的東西都還是需要的。可是你們必須要知道，就是做這一些其實都是多餘的，它只是為了讓我們突然間回想起，我們自己是「醒」的，這就是在第三界的振動。為什麼我們要先接觸到第三界、第五界的振動，因為我們的內在早已經從裡面知道我們是醒著的，可是因為外在還有很多

㊟最殊勝的了解了悟。

的習慣、習性還沒有完完全全的改變過來，所以我們必須從那個角度來陪伴自己。直到有一天我們真正醒過來，就是你已經可以轉換過來說，「啊！我了解了為什麼這一切是夢」。而今天就藉由這個文字，很「多餘」的來講這些，那麼，重點就是這個「在」不是用語言來傳遞，你必須用你的心來感受、來體會，然後完全融入這個「在」，你就是它，然後在這個當下，不管你醒不醒，你已經是醒的了，你懂我的意思嗎？不管有沒有任何的感覺，你都要相信自己是醒的，你只是在，因為我們沒有辦法離開那個狀態，不是嗎？是吧，因為我們從那個角度來看，我們通通是醒的，我們都是佛。可是在那個狀態裡面的時候，我想要請問一下你們喔，你們在那種究竟的狀態裡面時，有沒有辦法說「我是佛」，或是說出任何概念呢？當你們在那個狀態中的時候，你們說不出話，對吧！因為已經在那個狀態裡面了，你就是「在」，說什麼都是多餘的。所以從那個角度回來看《心經》，你就會慢慢的明白為什麼它會說那些東西。

很多人都問過我這個問題，「上帝是怎麼來的？第五界的這個佛性是怎麼來的？」我沒有辦法回答啊，我沒有辦法回答你祂是怎麼來的，為什麼？因為就是在了嘛！如果你要知道祂是怎麼來的，只有一個方法，就是你完全成為它，那你就會知道當時它是怎麼來的，它沒有辦法用哲學的問題，來講到底是先有雞，還是先有蛋？沒有辦法。以前在《法句經》裡面有一個譬喻，有人要跟釋迦摩尼佛學習這些法的時候，他不了解釋迦摩尼佛是帶著這個振動而來的，也就是這個「在」，因為他不了解這個，所以都會一直去追問祂很多問題，像是「你說的那個佛性，它是怎麼來的？它是怎麼樣的啊？」他覺得要先搞清楚這些，不然的話那個時候也有騙人的上師啊，那個時代跟現在是一樣的，我怎麼知道你是不是真的！

結果釋迦摩尼佛就說了一個比喻，祂說，就好比你被毒箭射到了，結果當下你卻一直在問說，「這個箭是誰射的？這支箭的構造是怎麼樣的？

它從哪裡射過來呢？」與其一直在研究這個東西，倒不如趕快把你的傷治好，不是嗎？

意思就是說，我們不要一直繞在哲學上，就是名相上面，想要去理解它的意思，或者是像剛剛問那樣的問題。其實那些問題當你自己在那種狀態下的時候，一切的答案就都已經解決了，你甚至會問不出任何的問題，因為早已超越所有問題，也超越所有的答案了。當我們還有問題的時候，就是表示我們的意識還在，是吧！還有問題，就表示有一個「我」想要知道某個答案，當這個意識還在的時候，我們的心就是一個充滿概念營造的心，是吧！由一個概念創造出一個概念，又再接著創造出另一個概念。概念營造的心，就是輪迴的心，我們的心就是因為我們一直想要知道一些什麼，問一些問題，去追那個答案，於是一個接一個，生命就開始輪轉下去了。

有一個故事是這樣的，印度有一個很有名的論師，以前的人他們都很會辯論。當他知道釋迦摩尼是位明師之後，他就去找釋迦摩尼想要跟祂親近，跟祂學習，然後他去到那邊就想問祂問題嘛，於是開始了，概念營造的心就開始出來。他沒辦法感受到祂的波流，祂的振動，所以他的頭腦就又再造作，又想要問祂問題。這時候，釋迦摩尼就說，我會讓你問問題，但是請你三年後再問，這三年你都待在我的旁邊，三年後我就讓你問問題。這時候，舍利佛在旁邊聽了哈哈大笑，他笑的原因，是因為當初他剛來的時候，也是遇見同樣的情形啊！

三年的時間一轉眼就過，釋迦摩尼就跟那個論師說，「你到這裡，至今已滿三年了，有什麼問題，你請問吧！」有趣的是，他的處境就跟當年的舍利佛一樣，經過了這三年與釋迦摩尼的相處之後，三年後的現在還會有問題嗎？沒有了！因為他已經發現那個「在」，他已經發現那個「在」的秘密，他已經融進那個「在」裡面，他已經感受到了，他已經感受到《心經》，已經感受到那個東西的時候，他問不出來了，因為所有的問題都在那個狀態裡面消融了，所有的概念都在那個狀態裡面消融了，所有的「心」也都在那個狀態裡面消融了！消融的剎那，我們會發現，原來我們早就已經「到」了，根本不用再問。所以任何一個「管道」來，佛、明師來到這個世界，祂都是在傳遞那個在，不是用語言，祂們都是講同樣的語言，那語言就是「無」語，就是愛，就是波流，就是空性。

因為祂們要讓人們的概念，在這裡面完全融解，就在那個剎那，會有一個很美很美的生命誕生，一個很美的佛就誕生了，上帝也就誕生了。因為在那個狀態裡面，當所有的概念都消融的時候，我們的第七體，或說第三界也好，第五界也罷，早就在那裡！我們以前會追逐，會看不到、覺知不到、品嚐不到，是因為我們的概念擋在前面。我們想要知道很多事情，我們想要理解很多事情，我們有很多的問題、疑問，其實都是這些概念擋在前面，讓我們沒辦法融入那個「在」，融入本性，融入第三界、第五界的波流，所以當在那個振動裡面的時候，我們超越了所有的文字，超越了所有的問題與答案，超越了所有的時空，超越了所有的一切，只要在那個「在」裡面，就已經是諸佛的精髓了。

可是，還是要說啊，這一切都是跟「振動」有關的喔！不要落入外表的語言，所以所謂的第三界、第五界等等的，都是振動，當在那個狀態的時候，其實那時候是沒有辦法區分的，在那個時候，連「一」都還沒有呢！三、四、五都只是我們在概念上的分界，對我來說，回到第七體的時候，在那狀況之下，一切都是一樣的，只是我們因為還是有境界上圓滿的差異性，我們才只好把它細分為三、四、五、六、七、八…等界㊟。不然，到了第三界以上，就幾乎是等同的了。

好，現在讓我們看《心經》吧。

我們都是色、受、想、行、識的綜合體，「觀自在菩薩，行深般若波羅蜜多時」，它是在說，當我們進到內在的狀態時，什麼是內在的狀態，就是所謂第三界的那個「甚深無間三摩地」。無間，可以講就是時間已經太長、太長，所有已經連續的，超越時空的限制，也就是說，原本我們就在那個狀態裡了。

㊟請參考第四章P.159。

好，如果說，心經要講的話，就是要請你們跟我一起實證嘛！現在我們來看看，在那個狀態下，我們來看一下宇宙是不是在一種「閃、滅、閃、滅」的狀態？對吧！當我們把視野拉到那個狀態的時候，所有的星球也都是「閃、滅、閃、滅」，那麼，我們看地球，就不只是看到一顆星而已喔，我們會看到它是一團光子「閃、滅、閃、滅」，這樣的話，那可不可以說我們每一個人也都是地球上的光子？

就在這個狀態裡面的時候，「照見五蘊皆空」。照，就是觀照，講白話就叫做觀察，當我們進入到那個甚深的能量光海，那個第三界的狀態時，回來看這一切⋯，原來，根本沒有一個叫做「我」的存在！原來，我們都被這個「我」的這個想像給控制住了，從頭到尾根本沒有它，它只是一團光子的「閃、滅、閃、滅」，它只是一個事件而已啊！它只是一個眾多因緣合和的事件啊！那我們怎麼會把這個眾多因緣合和而成的事件，當作是「我」呢？

「照見五蘊皆空」，原來從這個聚合的事件中，我們所看到的一切色相，就是這個地球上的這一些色相，也不過就是這一團事件，所投射出來的一個概念而已。因為這個概念如果不投射出來，我們感受不到那個色的存在啊！如果這個概念不生出來，那這個色相，就等同於只是量子事件而已，對吧！它根本也沒有什麼所謂的色相嘛！就是我們所說的，樹不再是樹了，你不再是你。因為當我們沒有那個概念的時候，我們就只是「在」了嘛！當我們開始去看到這種種無明的環扣時，哇！原來我以前怎麼是這樣子在活著的啊！我們都落在一個很大的幻相裡面，這一些不都只是一堆光子所聚合起來的而已嗎？從第三界以上的狀態來看，源頭給予這些能量一直不斷的「閃、滅、閃、滅」，然後呢，因為地球上還是有生和死的生滅相，奇怪？當死來臨的時候，這一些光子組合起來的東西會自動瓦解，然後裡面的東西呢？於是，開始很深入的去觀察這種種的變化。當我們站在第三界的角度觀察所有宇宙裡面的現象，以及地球上所有的現象時，就會發現到，哇！我們被自己好大的無明給障礙住啊！原來我們認為的苦，以及這些連續的現象，引發來的這一些光子構成的事件，都是我們自己、我們的意識參與其中造成的，結果當我們的意識離開這個身體的時候，肉身死亡，可是我們的意識卻沒有死亡，我們的意識看你離開到哪裡，就到哪裡，結果那邊也是一個虛幻的啊！因為站在第三界的甚深般若波羅密的狀態來看待、來觀察這所有的事情時，我們發現到，原來我們受限在「我們是人類」的這個概念裡面，我們產生了種種的想法與感受，這個感受是什麼？不也是光子閃、滅、閃、滅的一個現象嗎？因為我們有這個概念存在了，它就引發了「我喜歡的感受」，就叫做「樂受」，只是因為這個假「我」，它遇到、它聽到、它喜歡的事物了，所有的色、受、想、行、識，眼、耳、鼻、舌、身、意，色、聲、香、味、觸、法，它遇到了這一切，產生樂受，結果人類就被這種種自己產生的意識與現象給限制住了。那麼，當產生了我們在概念裡所不喜歡的，我們就說「苦受」，我們就會有「苦」的概念，「苦」的覺受生起，結果這個因，都是來自於我們受限在這（古魯拍了拍腦袋）裡面呀！因為我們沒有辦法理解，它只是一團光子聚合起來的東西啊！只是一團能量聚合起來的東西啊！所以就感受不到那個「在」了，因為我們的意識裡面，把好多的東西概念化，產生種種「想」。你們可以想像一下那個畫面喔，譬如說，我的這個光子聚合起來，或是我的一個想法產生了波動出來，這邊就馬上有光子「鏘」的跳出來，然後以整體宇宙的能量運作來看，如果我們意識的能量累積到一定的程度，那麼宇宙裡的能量馬上回應，然後回應出來的結果就是產生了事件，它就被我們吸引而來，結果我們受到我們種種「想」的侷限裡，在這樣的一個狀態裡面，我們根本沒有辦法感受到本質的「在」啊！那個「覺」不見了，我們沒有把注意力放在那裡，我們全部被種種的感受、種種的想法、種種的概念、種種的這些連鎖反應綁住了！然後這些種種的想，又讓我們愈陷愈深，對吧！於是你會因為這樣而去行動，然後呢？行動是不是又帶來具體的「果」？心的想，已經讓我們覺得自己是人類了，我們沒有辦法「若見諸相非相，即見如來」，我們沒有辦法看到自己原始的相貌。

事實上，它只是我們的前三層體，它只是第七層體的倒影，如果我們從第七體來看，就會看見那最原始的。㊟

當宇宙開始出來時，它就是有一個慾望，那個慾望其實不是我們現在所謂的慾望，如果我們把它翻成白話，其實可以稱它為「創造的動能」。如果我們本身就是一個宇宙的話，我們的慾望是不是也就是一股創造的動能？可是，這一股創造的動能，我們卻把它侷限在這些色、受、想、行、識裡面，在這個「我」裡面，它當然就引發成了貪、瞋、痴、慢、疑啊！有沒有道理？

創造的動能，我們也可以把它說成是純粹的陽能，「陽」就是創造，那「陰」呢？就叫做空嘛！就是我們在源頭的那個「存在」，所謂的空性，就是我們的本質，這裡所說的「性」，就是本質嘛！我曾經解釋過，空性就是說「萬物的本質都是那個空來的」，這樣子講好像比較抽

㊟七層體的說明，請參考書中第二章說明。

象，但事實上，就是這個「空」，這個寂靜的陰能，在這個二界裡面，就一定會有「二」，肯定要有的，因為沒有「二」，它「動」不起來，如果沒有這個「閃、滅、閃、滅」，它動不起來呀！結果這個陽能被侷限在這個肉體裡面的時候，被侷限在我們的我執，我們就不知道怎麼去導引這個陽能，這個創造的慾能，它需要一個出口，如果沒有出口的話，它就只好從我們生活中很貼近的東西開始抓取啊！於是這些又產生種種意識，這個純粹的陽能，最後展現成輪迴的樣貌啦！哈！哈！哈！因為只要你還有概念，當你認為你「死」了，對不起，你就還要再來投生一次，然後在這個生死之間，不斷輪迴，除非你悟道，悟到陽能跟陰能如何結合為一，也就是回到了第三界的狀態。

現在知道為什麼要有「父佛母佛」了吧？那些不懂的人把「父佛母佛」以為是一種歡喜、是雙修，才不是只有那個概念而已啊！父佛跟母佛是指，一個純粹的「陽能」與一個極為寂靜的「陰能」，它們合而為「一」，就像太極圖一樣。我們必須要有智慧，在這個「生」和「死」

之間了悟。生死都是由「呼吸」連繫的，「吸」就是「陽能」，「呼」就是「陰能」，很有趣的是，整個宇宙的奧秘全部都展現在我們自身這個小宇宙上面，可是我們不懂。因為我們全部都被這些「色、受、想、行、識」，被地球的概念束縛住了，所以，我們為什麼說「六芒星」的圖形正好可以代表廿一世紀的修行法，因為它的正三角形與倒三角形，正代表了「神性」和「人性」必須要並存的狀態。其實這是在說，你如何把你的人性中代表「陽的欲能」也就是那個動能，展現得淋漓盡致，而展現的方向正是回到第三界，本覺的方向，而為了要回到那個方向，你必須要跟你陰性，空性的「在」融合起來。這就是我們要來講心經的目的，因為你了解了，開始去觀照，照見了五蘊皆空，才不會把自己的動能，用在負向的情緒上，用在貪、瞋、癡、慢、疑上面。但是，回過頭來講為了讓我們這輩子以來，累生累世的意識，能快速轉化，讓我們快速的接納、整合這一股動能，最好的方式，就是我們全部把它回歸「中性」。什麼叫「中性」？沒有價值評斷。請注意這裡的用詞遣字，我不是用「正向」這個字眼噢！因為「正向」還是落入一端裡面，還有「二」。我說回到「中性」的狀態，是回到沒有價值評斷的那個狀態，來看待我們這一切。你會了解到當下所有的貪、瞋、癡、慢、疑，都是過去所有的事項累積而來的，你也不用批判自己，你也不用再去對它講說，哎呀！自己怎麼這樣？不需要再產生那樣思想上的動能了，也不用再產生一個新的批判的動能，因為那一些都於事無補。你不如乾脆開始把你的貪、瞋、癡、慢、疑帶入「中性」裡面，帶進這個「陰」，接納它。你用陰性面來接納它、包容它的時候，突然間兩者合而為一，你就會很容易的回歸到空性了。空性，是包含了陰和陽二者的。

於是，「照見五蘊皆空」之後了解到，哇！原來我們在背後的本覺是那麼的浩瀚時，所以「度一切苦厄」！呵呵！哪來的苦？苦不也是自己的概念營造出來的嗎？就我們這個主體來講，它不苦痛、不生病的，因為它已經沒有那個生病的概念了，這叫做「在空性裡面轉化成純淨」，「純淨」，就是在第三界的那個純淨的狀態，沒有任何概念，那麼這個時候，你的可能性、你的愛力會在這個身體裡面創造到無限大，我們不是說菩薩有「三大」嗎？「能斷大」，就是祂在這個背後「空」的狀態裡，把所有的阻礙全部都看透了；然後，「現證大」，就是祂了解到祂自己就是佛的這個狀態；那麼第三大呢，也有人把它說成「證智大」，就是可以證到的智慧，是無上的！

所以如果從這個狀態，是不是就「度一切苦厄」？假設當我得到癌症的時候，我可以回到空性的狀態，我不再把它當成癌症看，我知道它只是一連串事件的組合。如果已經有了情緒，那我們就接納那個情緒，然後啊，你看哦，我這個癌症的身體，是不是也在剎那間「閃、滅、閃、滅」，意思正是，根本的「結果」都還沒有斷定啊！可是問題是，我們阿賴耶識裡，99.9%都是負向的，只要醫生說，啊，你得了癌症了！你就嚇死啦！怎麼度一切苦厄！那一些空性的智慧都在剎那間蕩然無存啦！如果你平常沒有練習的話，對吧？所以如果從究竟來看的話，真的是「度一切苦厄」啊！

「舍利子」（古魯唱），於是開始講了，為什麼可以渡一切苦厄。

「色不異空，空不異色，色即是空，空即是色」（古魯唱），開始了喔！祂開始講，為什麼在那個狀態裡面，受、想、行、識都是空性。就是說……，唉呀！我剛剛都已經解釋完了嘛！哈…哈…哈！（大笑）就是它已經開始不從地球的概念，來看所謂的「色」或是這一些存在。它說，「色不異空、空不異色」跟「色即是空，空即是色」，可以分成兩個層次在「空」的理解。因為「色即是空，空即是色」還沒有離開這個「想」，因為我們講到這個本質的時候，會講到這個所謂的空性解脫、無相解脫和無願解脫，唉呀！其實我剛剛講的那些，已經差不多把心經講完啦！哈…哈…哈！（大笑）

好，雖然這樣子，但是我還是分享一下。

就是說，在「色即是空，空即是色」的這個概念上面時，因為我們還有一個「即是」，也就是說它還是落在色、受、想、行、識上，還有一個「相」，了解意思嗎？因為從第三界來看的時候，其實連這個相都不存在了，甚至是沒有任何概念營造了。你看很多的經典，它為什麼會說：「非在，非非在」。意思就是，同時都把它全部回歸到「那個狀態」了嘛！所以當我們還在講「色即是空」，就是說我們還在講說你是空，那就表示還有一個「你」嘛！可是對於究竟來講，你，根本就不存在啊！色、受、想、行、識，根本就不存在啊！好，那「色不異空，空不異色」，「不異」就是「已經是」了，就是說，這一些色、受、想、行、識真的都沒有離開過空耶！真的都沒有離開過第三界的本質耶！

所以才說，這兩種的體會不太一樣。

然後，如果再回到我們剛剛說的那個在「意識行態」上的那個動能的時候，難怪我們都要說，能量要往上面的脈輪流動，因為在這個身體裡面，跟我們身體能量有關的就是食色這一些東西，都是往下端流動，而我們又用很多的概念去創造出很多很多的事件，最後才說自己苦，了解意思嗎？這其實很有趣，你自己創造出來，你經驗了，然後才說「我很痛苦啊！快來救我喔！」最後菩薩神佛出現了，表面上祂們看起來好像在幫你的忙，其實祂們都知道你根本沒苦過，你的本質根本沒苦過，你根本不在苦中也根本沒有苦啊！所以你看哦，這是一個「場」，今天如果你了悟到，這個身體只是光子的閃滅的時候，如果已經完完全全，已經可以從第三界的那個角度，來看待萬事萬物的時候，請問我的身、心、靈組合起來的能場，是不是會不太一樣？我裡面所有的光子躍動，就有可能瞬間把我裡面疾病的這個光子狀態轉化，因為我們清楚知道「這個不是我嘛！」我們沒有了那個概念。你看哦，光子是一群很有趣的意識存在體，會不會互相交換訊息？當你的頭腦還沒有想到的時候，它已經在交換訊息了，它已經在你裡面引發很多的改變了，那這不就是「加持力」的由來嗎？什麼叫加持力？不過是場中光子的流動而已嘛！所以對菩薩來說，祂根本不覺得在加持你啊！祂沒有那種概念，在第三界沒有那種概念，所以在這個場跟場的互動裡面，當你完完全全進入「色不異空，空不異色，色即是空，空即是色，受想行識亦復如是」，就是回到了那樣的狀態了，從這個意識層次的概念，整個還原，回到了第三界的那個存在，那個「在」的狀態了。哇！這是一件多麼美麗的事情啊！因為這個時候，你才真正的知道你存在於這裡的目的和意義，即非意義，是名意義，對吧！哈哈！（笑）可以聽懂我說的「意義」嗎？那個意義就是，「你只是一團沒有任何意義的存在」！你們聽得懂我所說的「沒有意義」嗎？就像《荷光者》㊟這本書它開宗明義的就說，我們靈魂沒有帶著任何意義。意思就是說，我們就如同一塊白紙的存在，你可以在當下把你的陽性慾能盡情的揮灑，但是，你又知道其實沒有人在揮灑，對嗎？為什麼沒有人在揮灑？因為正是「色不異空，空不異色，色即是空，空即是色」啊！體會那個意思嗎？正如我們同時在第三界，但是我們的前三層體又在這個地球上經歷，所有從那邊的狀態來看待這些事件，全部都只是光子的聚合體而已。所以當我們了解到這一些之後，雖然揮灑在畫布上面，可是知道這一些畫布和顏色都只是一團光子而已，它可以說它們都是從「空」裡面來的，所以是不是等同於它們「不存在」呢？因為對第三界來說，沒有任何事情存在過，它超越時

㊟《荷光者》(bringers of the Light)，作者：尼爾・唐納・沃許(Neale Donald Walsch)，繁體中文版於西元2002年，由方智出版社出版。

空，超越因緣法。從那樣的狀態來看的時候，我們既存在，又不存在，我們那個時候大量的揮灑，但是我們又沒有揮灑過，現在回頭去看《金剛經》上面所說的，就可以理解了吧！釋迦摩尼說法，但是祂又沒有說過任何法，因為在第三界，我們全部沒有變動過，我們連這個陽性動能和陰性動能，都已經把它昇華到它只是一團光子和光子之間的遊戲，然後之所以遊戲是因為我們想要來體驗，我們想要來擴大、來經驗我們自己是誰，了解意思嗎？那這個時候不是很好玩嗎？

所以，舍利子「是諸法空相」，諸法的意思就是說，所有的存在體，一切的有形無形，所有在這個宇宙裡面的這一切的樣貌方法。你把這個法擴大一點，就是說所有這一切的存在與不存在，宇宙裡你可以看得見的，看不見的這一些東西，全部都是空相。為什麼？因為從那個角度來看的時候，它可以說這個宇宙其實沒有存在過，一切就只是「在」，它沒有一個意思或想法說它「存在過」，它連這個意思都沒有，於是「不生不滅」，因為在那個狀態沒有出生過，又哪來的毀壞呢？「不垢不淨」，沒有不乾淨與否，貪、瞋、癡並沒有骯髒、不乾淨，因為連這些也根本沒有存在過啊！哪裡還要清淨什麼？所以六祖慧能才會說啊，「菩提本無樹，明鏡亦非台，本來無一物，何處惹塵埃」，他已經懂了喔！他已經了知在第三界，本質的情況來看真的是這樣，因為沒有一個東西說它存在啊，哪有意識說它存在，宇宙意識都不覺得它存在耶！我們第七體本來就在那裡了，連「在那裡」這個概念都沒有，它就只是「在」。

所以才說「不生不滅，不垢不淨，不增不減，是故空中無色，無受想行識，無眼耳鼻舌身意，無色聲香味觸法，無眼界，乃至無意識界，無無明，亦無無明盡」，到這邊的意思就是，我們原本就無生啊，當你這邊開始醒過來之後，這個無明開始也不見了嘛！那無明開始不見，也就是說你不再輪迴了，「無無明」，你已經連這個無明都沒有了，可是為了要說在裡面連這個概念也沒有，所以才說「無無明盡」，也就是說，已經不再有任何的概念了，連「無無明」、這個概念也都沒了。

「乃至無老死，亦無老死盡，無苦集滅道，無智亦無得」，所以，如果你覺得你現在得到一些智慧，那就代表你還沒得到，如果你以為今天就懂了一些東西，那表示還沒得到的，因為這一些都沒存在過，哪來的「得」啊？我們現在這樣的存在都沒存在過，哪來的智慧？智慧是那邊的那個「在」，那個原本都沒有動過的「在」啊，所以才說「無智亦無得，以無所得故」，「以無所得」叫做無分別智，就是因為在裡邊的那個狀態，是「不生不滅、不垢不淨、不增不減」，根本沒有所謂的「得」，也沒有所謂的作用，也根本沒有任何作意，你根本就是在那個狀態裡面，連「想要得到」的那個慾望，那個概念都不會生起，所以這就是一個無分別的境界！

「菩提薩埵」，菩薩們啊！「依般若波羅密多故」，般若波羅密多，就是第三界的那個狀態，在那個狀態中，因為我知道這一切都沒有出生過，如果我們都在那個境界，然後前三層體完全轉化過來的時候，自然

古魯註 從這裡開始，釋迦摩尼佛已經將所有的這些法，都歸回於空性了。一開始說到「無色受想行識」，因為「五蘊」空了，故「我」空。

接著六根「眼耳鼻舌聲意」，六塵「色聲香味觸法」，以及六識等，這十八界全部都回歸於空了，連意識界亦空矣。最後，連無明也空了，甚至連無明的概念也都沒有了。

從無明到老、死，這是十二因緣觀，「苦集滅道」為佛教所說的四聖諦。

當「無無明，亦無無明盡，乃至無老死，亦無老死盡」，這十二因緣觀與四聖諦，以及前面所說的十八界，乃是小乘佛教中，修得阿羅漢果的重要法門，觀其得悟，則可修得正果。然而進入到般若部的時候，釋迦摩尼佛將原本

「心無罣礙」，因為沒有什麼再受礙了嘛！對吧！於是「無罣礙故」，在那樣的狀態裡面時，自然「無有恐怖，遠離顛倒夢想，究竟涅槃」！「三世諸佛，依般若波羅密多故，得阿耨多羅三藐三菩提」，在那個狀態下，在那樣的大慈悲愛力下面，是沒有辦法分別任何一個光子跟它有什麼不同，對吧！沒有辦法起種種的分別想，它就只是遍在那個狀態，完完全全的理解這樣的狀態。「故知般若波羅密多是大神咒，是大明咒，是無上咒，是無等等咒，能除一切苦，真實不虛，故說般若波羅密多咒，即說咒曰：『揭諦，揭諦，波羅揭諦，波羅僧揭諦，菩提薩婆訶』。」（古魯註）

彼岸到，彼岸到，彼岸到，彼岸已經到啦！

其實，這句咒的真正狀態，是連「彼岸到」都沒有的，因為我們已經在那裡，所以「揭諦，揭諦」是說如是、如是，也就是我們的本質早就已經是這樣了，它一直在指的，就是在「那個狀態」裡面啊！

要證得阿羅漢果的這些法，這些原本被認知為開悟基礎的法，在傳遞心經時，全都直接進入空了！就好比釋迦摩尼佛打造了一條船，告訴你坐這艘船就可以到彼岸，到了般若部的時候，他把這整艘船都給拆了！不僅空身、空心、空性，也空法了！於是，「無智亦無得」，甚至告訴了我們，也不用再追求什麼智慧了，所有頭腦想的、見的都是源自於空性，連開悟的概念也都沒有了。既然沒有了，那麼一切該歸於何處呢？

所以最後就說了：所有開悟的薩埵們啊，「依般若波羅密多故」，都是依空性本體的智慧而行的啊！

這才是真智慧啊！

然後原整版的心經後來還有一段，就是說，後來世尊有出來，就稱讚觀自在菩薩說，唉呀！就是像你所說的這樣啊！最後如來隨喜，所有一切人、非人……等，全部皆大歡喜。這，就是心經。所以其實心經，確實沒有辦法用語言來訴說，它是在講原本我們就已經「在」的那個境界，所以它只能夠用我們的心去……存在於那樣的狀態，然後從那個狀態來觀察，來觀察這一切，就是這樣啊！

理解那個意思嗎？我今天講出來的是心經嗎？

今天什麼都沒有說啊！哈…哈…哈！（古魯大笑）

——摘錄自2006年年初禪七內訓，於國姓竟心村。

編者後記

01

那天約好了古魯，要為此書的第一章錄音。

不知從什麼時候開始，別說是要見古魯了，光是想像，一種說不上來的恐懼感，就會一層一層的襲來，好像原本一個收藏著累生累世的恐懼寶盒，在這個當下，就快要被打開了，那種危機感、小心翼翼卻又無所適從的擔心，真是令人莫名其妙。

要出發的前一天晚上，我拚了老命的打坐、調整思緒、準備資料，深怕自己漏掉了任何一項東西，好怕當古魯問起時，那種無言以對的空白。整個夜裡，不知道自己是否入眠，滿腦子既是空白又塞滿一堆猜測與不安。

隔天時間一到，開車逕往竟心村去。

車子開著開著，自己也模擬著待會是該怎麼開始，怎麼提問，怎麼記錄……，一路上，車子沒停的跑，腦子也沒停的轉。

就在快要進入國姓鄉之前的一個轉彎處，我做了一個深呼吸，只是一瞬間，念頭單純的放鬆了，突然間一股溫暖的感動沒由的升起，眼眶頓時泛淚，就在那個當下，全身像是卸下了所有的盔甲，開始鬆弛的與這股感動相融。

一路進入竟心村後，見到古魯的那一刻，被愛完全充滿的同時，是完全的、完全的繳械了，原本的擔心與害怕，在那一瞬間，似乎就一面顫抖著，一面鬆開、放下、解除！也在那當下，書的第一章節似乎也完成了。

在錄音的過程中，語言就像是一個搭配，一種因為愛而轉化後的呈現，好讓這樣的滋養，也可以分享到更多、更遠的地方。而在整個過程裡，與古魯如此貼近的相處，那一陣陣未曾停歇的振動與愛，反而是語言無法傳達卻需要傳遞的真理。

這本書自開始籌劃、準備，至今已近出版；將近兩年半的時間裡，古魯只是陪伴。有時鼓勵，有時安慰，有時就是默默的在旁。回首這段時間，從準備到完成，這本書同時也記錄著自己成長的過程，在書即將完成的時刻，也似乎看見自己在生命裡，從過去，走入現在，朝向未來。

這實是一本無字天書，因為它所傳遞的，早已超越了文字所述了……。

02

今天在陶藝教室遇見了一隻貓。

牠看起來就像是一隻小老虎一樣。我們玩耍了一陣子之後，牠靠近了我的腿，讓我撫摸著牠。當下，牠是那麼的享受、自得。接著，牠晃到了旁邊，在我身邊躺了下來，然後開始舔著皮毛，梳理起來，接著，就躺著睡著了。

就在這個片刻，我們之間沒有任何的抓取，也沒有與誰分離，只是「在」那裡。其間，人們來來往往，交談著，停下腳步，然後又繼續往來行走，而這一切，完全不影響我們。

這是不是就是「當下」的感覺呢？

或可以說，當下超越了過去與未來，因為當下就是永恆？

03

如果我的眼，
再也看不見其他，
卻得看見眾生內在神性與佛性榮光，
那麼，
就讓雙眼進入恆長的黑暗之中吧！

如果我的耳，
再也聽不見其他，
卻得聽見眾生內在的呼求與真理之聲，
那麼，
就讓雙耳進入神聖的寧靜之中吧！

如果我的身，

再也無法受到意識的指使，
卻得依循內在的引導而行，
那麼，
就讓此身進入綿亙的空寂之中吧！

04

之前除草時，遇到長在石縫中的草，就特別難除去，不禁想到，草生長時，原本是阻力的石頭，待草兒生長之後，卻又成了草的最大依附。

這不就像，當我們在「成長」時，遇到了種種困難，但是，一旦衝破難關後，這些曾被我們所經歷的，皆一一成為我們的助力呢！

05

人與神之間的聯繫，其實是很細密的，細密到了無法只是透過外在感官所能察覺的程度。上帝總是預留伏筆，然後在生命中的特定時刻裡，讓你遇見這個周密的安排。

二〇〇一年的秋天，我遇見了古魯。

當時，並沒有類似天崩地裂的異象發生，也沒見到什麼水上行走之類的神能景象。只是那晚，他陪著我和好友壘宇，像個鄰家大哥似的，暢快的聊天，聊得沒天沒夜的痛快！

接下來的時間，就像是飛機的渦輪引擎一般，愈轉愈快，到最後，帶著生命就這樣飛了起來！然而，我就像是搭飛機的人，坐在飛機上，感覺不到飛機的速度、高度，甚至還不知道自己身處何處。但是，時間一到，一樣得準備降落；時間一到，卻已到達一處。然後，還有接下來要繼續的動作：下機、入海關、準備好該有的一切，站在自己該站的位置，然後，繼續前進。只要有任何一個小地方疏失，或是環扣沒扣上，就有可能像是電影「航站情緣」（The Terminal）的劇情一樣，被限制在航站裡，進退兩難。也許，稍為變通一下還能繼續在航站裡過活，但不論怎麼說，那都只是暫時的美景，無法持久，也不夠真實。到最後，終須離開航站，進入真實人生。

這幾年來，很多時候，我都活在「航站」裡。直到開始進行這本書的彙集，原本看起來像是一份職責的動作，其實是幫助我走出航站，進入真實國度的假動作。（笑）

在這過程中，內心的種種歷程，是一趟珍貴無價的旅程。

是一場與內在相遇之旅，

是一條回歸本源的道路，

是一個綻放自性瑰麗色彩的體驗。

而這一切，都是因為…愛！

國家圖書館出版品預行編目資料

靈魂的第七項修煉：推開靈魂覺性的覓竟之門
聖塔達瑪《Sat Dharma》著 一初版一
臺北市：城邦印書館, 2017.09
288面： 14.8 x 21公分 （無盡光藏, 聖塔達瑪系列叢書；1）
ISBN- 978-986-95278-3-5 （平裝）
1.靈修
192.1 106014426

無盡光藏，聖塔達瑪系列叢書之一
「靈魂的第七項修煉：推開靈魂覺性的覓竟之門」

作 者	聖塔達瑪 Sat Dharma
主 編	德 昀 DerYun S.
美術總監	曌 宇 Eean Chen
美術編輯	施 旭 芬
文字編排	陳 佳 宏
出版日期	2017年9月
版 次	初版一刷
I S B N	978-986-95278-3-5
定 價	NT$250元整
出 版	城邦印書館股份有限公司
地 址	台北市中山區民生東路二段141號B1
電 話	(02)2500-2605 傳 真 (02)2500-1994

印客邦 inknet www.inknet.com.tw

–版權所有，侵犯必究–
本書之創作及內容，由作者保留其獨家著作權